CW01657396

SPOTKANIE Z WEWNĘTRZNĄ PRAWDĄ

Renata Engel

SPOTKANIE Z WEWNĘTRZNĄ PRAWDĄ

Białystok 2018

Redakcja i korekta
Zespół Gęsiego Pióra

Druga korekta
Anna Krasucka

Projekt okładki
Barbara Florczyk, www.baxiaart.pl

Foto
Szymon Szczęśniak

Opracowanie tekstu
Dariusz Banek

Skład i przygotowanie do druku
Adrian Szatkowski

Druk i oprawa
Partner Poligrafia
www.druk-24.com.pl

Wydawca

NEW SPACE

www.otoksiazka.com
e-mail: wydawnictwo@otoksiazka.com

ISBN: 978-83-66034-19-8

Zacznij traktować siebie nie jako wylęknionego człowieka, który ciągle zmaga się z problemami i słabościami, żeby doraźnie dać sobie radę, ale jako kompletną, całkowitą istotę duchową, która ma absolutny dostęp do wszystkiego tu i teraz. Musisz tylko odpowiedzieć sobie na pytanie, czy tego naprawdę chcesz, i pracować nad sobą, żeby to odkryć.

Dziękuję mojej rodzinie i przyjaciołom, a także wszystkim tym, którzy pojawili się w moim życiu, i doprowadzili mnie do punktu, w którym jestem teraz.

Książkę dedykuję moim kochanym dzieciom,
Zosi i Filipowi

SPIS TREŚCI

CZĘŚĆ TRZECIA

CZĘŚĆ CZWARTA

DODATEK

CO TO ZA KSIĄŻKA

Zdumiewa mnie, jak wielu ludzi czuje się zdanych na łaskę nieznanych mocy i zamiast próbować je poznać, pieczołowicie to ukrywa.

CARL GUSTAV JUNG

Książka, którą trzymasz w rękach, powstała po to, by dzielić się doświadczeniem w pracy nad sobą. Sposób, w jaki podchodzimy do życia, ma istotne znaczenie z uwagi na to, czy doświadczamy świata jako pełnego problemów i trudności, czy też jako uporządkowanej, sensownej całości. Wiedząc, jak ogromny wpływ na nasze życie ma to, co o nim myślimy, zaczęłam poszukiwać metod indywidualnej pracy nad sobą. Najważniejsza okazała się obserwacja swoich reakcji na to, czego doświadczam, co pozwala uświadomić sobie, że od tego, jaki punkt widzenia przyjmujemy, zależy rozumienie naszego życia.

Nie zamierzam przedstawiać teorii, lecz doświadczenie. Dzielę się nie tyle metodą, co światopoglądem, który obliguje nas do wzięcia odpowiedzialności za swoje życie i decyzje, jakie w nim podejmujemy. Ta książka służyć może zarówno tym, którzy w coś wierzą, jak i niewierzącym, tym, którzy świadomie pracują nad sobą, i tym, którzy wcale o tym nie myślą – wszystkim, którzy chcą obserwować samych siebie, żeby dowiedzieć się więcej, wszystkim, którzy chcą korzystać z większej części samego siebie. Chodzi mi o to, żeby dać ludziom możliwość spojrzenia z punktu widzenia istoty duchowej, jaką jest każdy z nas.

Celem tej książki jest otwieranie świadomości, a konkretnie – inspirowanie do poszukiwania sposobów, dzięki którym każdy może poszerzać swoją świadomość, rozwijać rozumienie siebie i swoich reakcji, oglądać z duchowego punktu widzenia doświadczenia, które są naszym udziałem, co zaowocuje poczuciem szczęścia i satysfakcji ze swojego życia.

W kolejnych rozdziałach pokażę sposoby działania nas jako istot duchowych, wielowymiarowych, rozwijających się na naszej Ziemi, i zastanowię się, jak wykorzystać wiedzę o prawach tu panujących w pracy nad sobą, jak poszerzać swoją świadomość, wreszcie – jak ułatwić sobie własny proces rozwojowy.

Dojrzałość polega na budowaniu w sobie miłości i szacunku do samego siebie. Ważnym elementem tego szacunku jest zaprzestanie przymuszania siebie do cierpienia, czyli danie sobie prawa do szczęścia bez wysiłku. To przeskok w świadomości. Nie jest łatwo dojrzeć do stanu, w którym dajemy sobie prawo do tego, żeby rozwijać się lekko, a nie tylko przez ciężką pracę, trudne wyzwania, wystawianie się na próbę, słowem – przez cierpienia.

Jedynym warunkiem skutecznej pracy nad sobą jest chęć obserwowania siebie i wyciągania wniosków z przyglądania się swoim reakcjom i stanom emocjonalnym. Dzięki temu dostajemy szansę zrozumienia, dlaczego wokół nas pojawiają się podobni ludzie, dlaczego w naszym życiu powielają się podobne sytuacje. Możemy dostrzec, że rzadko postępujemy tak, jakbyśmy chcieli, jak intelektualnie uważamy, że jest najlepiej. Często reagujemy automatycznie, zgodnie z zaprogramowanym w nas wzorcem. Kiedy to zmienimy, uwolnimy się od dotkliwego przekonania, że jesteśmy nieszczęśliwi i nie mamy wpływu na nasze życie. Przede wszystkim mamy wpływ na... nasze reakcje.

By podjąć próbę życia w szczęściu, powinniśmy przyjrzeć się, na ile jesteśmy spójni w sobie, na ile żyjemy w zgodzie sami ze sobą, w jakim stopniu nasze potrzeby, nasz intelekt i nasza duchowość pozostają ze sobą w połączeniu. Zazwyczaj okazuje się, że o czym innym myślimy, co innego próbujemy realizować, o czym innym marzymy, a jeszcze co innego mówimy. Taki stan rzeczy musi wywoływać konflikt wewnętrzny i powodować cierpienie. Przekonania i reakcje emocjonalne oparte na nawykach, tych, które pojawiają się automatycznie, nazwałam wzorcami, programami.

Integracja nas jako całości następuje wtedy, gdy uświadamiamy sobie, rozpoznajemy i usuwamy coraz więcej takich przekonań i wzorców. Wtedy łatwiej znajduję połączenie ze sobą na wyższym poziomie.

Taki proces trwa latami. Czasem mam wrażenie, że nigdy się nie skończy. Ale czy rozwój duchowy może mieć koniec? I czy w ogóle jakiegoś końca musimy oczekiwać?

Praca nad sobą na początku była dla mnie ogromnie trudna. Moje nawykowe reakcje oparte na zaborczości, zazdrości, agresji i poczuciu, że jestem nic niewarta, były trudne do zniesienia zarówno dla mnie samej, jak i dla otoczenia. Nie rozumiałam, dlaczego tak się zachowuję, i nie umiałam tego w sobie zaakceptować. Z czasem dostrzegłam, że praca nad pojedynczymi wzorcami powoduje zrozumienie, pokazuje, że tworzą one we mnie całe zespoły, ciągi reakcji. Kiedy wydawało mi się, że już coś przepracowałam, nagle ukazywało się kolejne dno, kolejny etap, następna odsłona. Odkryłam, że to jest proces. Czasami miesiącami uświadamiałam sobie długość i rozgałęzienia danego łańcucha. Zmieniałam więc metody pracy w zależności od tego, co stawało się dostępne dla mojej świadomości.

Nie zamierzam żadnego z Czytelników przekonywać, że MUSI coś zrobić. Chciałabym tylko podzielić się pewnym sposobem patrzenia na świat, który ułatwia życie. W książce przedstawiam pewną możliwość osiągnięcia szczęścia. Istotne jest to, żeby skracać sobie drogę i nie uczyć się tylko poprzez cierpienie. Motywacją do napisania tej książki była chęć ułatwienia innym drogi. Nie miałam łatwego życia i długo uczyłam się tylko na trudnych, bolesnych doświadczeniach. Teraz, kiedy sama doszłam do paru prostych wniosków, postanowiłam podzielić się z innymi wiedzą o tym, jak nie czekać na zbieg okoliczności, na trudne doświadczenia, ale świadomie rozwijać się – odkrywać prawdę o sobie.

Liczę się z tym, że wiele osób może mi nie wierzyć, może nie chcieć przyjąć moich założeń. Ale może ktoś, kto o tym wcześniej nie myślał, da sobie szansę rozpoznania, że jest istotą duchową. A od tego może zacząć się proces rozwoju świadomości i dalszych poszukiwań. Może ktoś skorzysta z moich doświadczeń i będzie mniej cierpiał.

Jestem po to, żeby pokazać pewne możliwości. Jedni będą czepiali się słownictwa, a inni koloru sweterka, jaki założyłam podczas prowadzonego przeze mnie warsztatu, liczę jednak na to, że lektura tej książki będzie choć dla kilku osób inspiracją. Najważniejsza – nie tylko w tej książce, ale i w całej mojej pracy – jest praktyka, czyli kwestia doświadczania. Przyznaję, że mniej przykładam się do doskonalenia uporządkowanej pojęciowo teorii. Wiele rzeczy nazywam tak, jak nazywam, właśnie dlatego, że doświadczyłam ich działania – moje określenia nie powstały jako efekt intelektualnego konstruowania precyzyjnych definicji. To są wyrażenia, które niejako spontanicznie pojawiły się we mnie i w mojej pracy z innymi ludźmi. I one działają.

Odkąd doświadczyłam poczucia, że jestem istotą wielowymiarową, przestałam narzekać na innych i stałam się bardziej odpowiedzialna za swoje życie – za siebie i za swoje decyzje. Na pierwszy rzut oka wydaje się, że przyjęcie odpowiedzialności za własne życie łączy się tylko z trudem, ale gdy się temu przyjrzeć bliżej, okazuje się, że dopiero odpowiedzialność daje nam prawo i możliwość decydowania o sobie i zmieniania swojego życia. Nie opieram się na innych, nie uciekam się do autorytetów, nie obciążam innych odpowiedzialnością za moje życie – opieram się na sobie samej jako istocie duchowej. Jeżeli popełnię błąd, to chcę się dowiedzieć, dlaczego go popełniłam. Buduję stabilność siebie i wsparcia, jakie mogę zapewnić sama sobie. Kiedy przechodzę przez pewne doświadczenia w poczuciu odpowiedzialności, to uczę się i buduję swoją moc, uruchamiam swój potencjał twórczego i skutecznego działania oraz DAJĘ SOBIE PRAWO DO BYCIA SZCZĘŚLIWYM.

Cała tajemnica tkwi w tym, że świat zewnętrzny odnoszę tylko do swojego wnętrza – czyli uznaję, że moje procesy wewnętrzne ujawniają się jako zewnętrzne sytuacje. W konsekwencji zupełnie inaczej patrzę na innych. Przestaję ich oceniać i czepiać się. Wiem, że jestem istotą duchową, więc na poziomie *ego* podporządkowuję się swojej wyższej świadomości. Dzięki temu w naturalny sposób buduję pokorę intelektu wobec ducha, czyli pokorę ludzkiej świadomości wobec świadomości istoty duchowej.

Możemy iść świadomie drogą, którą z dnia na dzień coraz bardziej poszerza nasza świadomość. Pozwala to inaczej patrzeć na nasze przeszłe doświadczenia, inaczej doświadczać teraźniejszości i inaczej postrzegać przyszłość.

W różnych kulturach ludzie wypracowali różnorodne metody dążenia do prawdy i pracy nad sobą. Dochodzą do tego swoimi sposobami, inaczej to nazywają, używają innych określeń. Sama przeszłam przez różne praktyki religijne i psychologiczne metody. Chciałabym, żeby moje sposoby pracy traktować jako punkt odniesienia: „Jeśli u niej działa, to może i u mnie się sprawdzi". Wierzę, że każdy na własny sposób może użyć swojej głębokiej siły wewnętrznej i sam do tego dojść. Dzisiaj coraz więcej osób zdaje sobie sprawę z istnienia duchowości, z istnienia różnych rodzajów energii. Zajmuje się tym także nauka. W wielu dyscyplinach prowadzone są szczegółowe badania – dostępne są publikacje dotyczące energii fraktali, roślin, kamieni. Można przeczytać liczne świadectwa śmierci klinicznej, opuszczania ciała. Dostępne jest ogromne bogactwo dorobku duchowego chrześcijaństwa, buddyzmu, huny. We wszystkich systemach celem jest podjęcie świadomej pracy nad sobą i znalezienie odpowiedzi na istotne pytania. Na tym etapie życia ludzkości wiemy z pewnością, że jesteśmy kimś więcej niż materią. Trudno dziś obstawać przy przekonaniu, że po śmierci wszystko znika i pozostaje martwe ciało.

JAK ODKRYWAŁAM, KIM JESTEM

Prawda, która nie zostanie powiedziana,
psuje się. Gnije, aż wybuchnie.
FRYDERYK NIETZSCHE

Pochodzę z rodziny jasnowidzów. Moja babcia i prababcia nie nazywały tego jasnowidzeniem, ale one po prostu wiedziały i widziały więcej. Gdy babcia czy prababcia mówiły mi, co będzie za pięć czy dziesięć lat, nie zastanawiałam się, skąd one to wiedzą, i czy jest w tym coś dziwnego. Było to dla mnie normalne, bo wychowałam się w takim otoczeniu. Pamiętam z dzieciństwa wizyty koleżanek mojej mamy – jako mała dziewczynka mówiłam, co się stanie później albo dopowiadałam ich myśli, a one otwierały oczy ze zdziwienia. Ujawniało się to we mnie zupełnie naturalnie. Jednak nie było zdziwienia: „Dziecko, skąd ty to wiesz?". Nikt tego nie komentował, więc nie zdawałam sobie sprawy, że to nie jest powszechne. Nikt nie umiał tego nazwać, więc pozostawało niedopowiedziane z powodu braku świadomości, zarówno mojej, jak i otoczenia. W naszej rodzinie nie widziano w tym nic niesamowitego, zatem i ja brałam to za standard, za coś zupełnie zwyczajnego. Byłam przekonana, że jeśli nie wszyscy, to bardzo wielu ludzi tego doświadcza. W szkole okazało się, że jednak jest inaczej, dlatego niektórzy patrzyli na mnie jak na wariatkę.

W liceum stało się to bardziej widoczne. Nie byłam dobra z matematyki, naprawdę niewiele z tego rozumiałam, ale gdy przychodziło rozwiązywać zadania, od razu znałam rozwiązania. Kiedy nauczyciel pisał równanie, przeprowadzał jakiś dowód, umiałam podać końcowy wynik, ale nie wiedziałam, skąd to wiem. Powoli zaczęłam dostrzegać swoją inność, choć nie potrafiłam tego wyjaśnić.

Na początku liceum poznałam kilka osób z klasy maturalnej. Niektórzy z nich brali narkotyki. Kiedy ktoś opowiadał mi swoje wizje, dziwiłam się: „Po co ci narkotyki? Przecież to normalnie widać". I opowiadałam o tym, że widzę kolory i energie, aury. Wtedy uświadomiłam sobie, że dla innych nie jest to dostępne. W pewnym momencie pomyślałam, że może jestem chora, i zaczęłam wertować książki medyczne, by to zrozumieć. W końcu poszłam do mamy i stwierdziłam kategorycznie, że mam jaskrę, i to w poważnym stadium, że muszę się leczyć. Mama zbyła mnie żartem. Na pomoc przyszedł kolega z innej klasy, którego wujek praktykował buddyzm zen. Wiele mi wyjaśnił. Po tej rozmowie stałam się bardziej otwarta na świat duchowy i rozpoczęłam podróż w głąb siebie.

Kiedy urodził się Filip, moje pierwsze dziecko, okazało się, że jest poważnie chory i medycyna akademicka niewiele może pomóc. Bardzo to przeżywałam. Woziłam go do lekarzy i na wszystkie możliwe rehabilitacje, ale też chciałam zrobić dla niego więcej. Wtedy odkryłam, że są dwie drogi – albo pogodzić się z tym, co się zdarzyło, cierpieć i czekać albo działać. Wybrałam drogę działania. Zainteresowałam się wszystkim, co mogłoby pomóc mojemu dziecku: zioła, homeopatia, wszelka alternatywna medycyna. Był to w Polsce czas pionierów tych dziedzin. Kiedy zaczęłam się szkolić na wszystkich dostępnych wówczas kursach, zrozumiałam, że i w tej sferze widzę więcej niż przeciętna osoba. Życie postawiło mnie w sytuacji, w której musiałam poszukać i odkryć, uruchomić w sobie różne umiejętności. Wszystko, czego się uczyłam o uzdrawianiu, wypróbowywałam na moim synku, ale cały czas byliśmy też oczywiście pod kontrolą lekarską. Zaowocowało to całkowitym odzyskaniem zdrowia przez mojego syna. Nie potraktowałam tego doświadczenia jako znaku od życia, że mam się tym zająć zawodowo. Ale czas niespodzianek jeszcze nie dobiegł końca.

Mając 36 lat, urodziłam córkę, Zosię. Ona także miała poważne problemy zdrowotne. Wtedy uczyłam się operacji fantomowych. Przeprowadziłam oczywiście taki zabieg na mojej córce. Z pełnym sukcesem. Dzisiaj moje dzieci cieszą się dobrym zdrowiem.

Mnóstwo ludzi mówiło mi, że powinnam się zająć uzdrawianiem. Ale nie czułam tego. Uzdrawiałam, kiedy życie mnie przymuszało, ale nie było we mnie potrzeby uczynienia z tego zawodu.

Uświadomiłam sobie, że uzdrowienie – nawet takie, które w kategoriach tradycyjnej medycyny uznawane jest za zupełny cud – chociaż przynosi efekt, nie usuwa przyczyn choroby. Problemy wracają. Dotyczy to zwłaszcza guzów, torbieli, ciężkich alergii, ale i wielu innych chorób. Często pacjenci wracali po kilku miesiącach z podobnymi dolegliwościami, tyle że w innym miejscu. Uznałam, że samo uzdrawianie to za mało. Chciałam znać odpowiedź na pytanie, co jest powodem. Zaczęłam obserwować problemy, jakie mają ludzie cierpiący na poszczególne choroby. Zainteresowałam się literaturą na ten temat – tak trafiłam na prace Louise Hay i Ivette Rose. One otworzyły mi oczy na to, że istnieje wyraźne połączenie chorób z postawami wobec życia i emocjami. A mnie wciąż do życia motywowała chęć dowiedzenia się więcej o sobie i o świecie.

Jasnowidzenia nie traktowałam jako skutku rozwoju duchowego. Dzisiaj myślę, że nawet jeśli tak jest, to mamy do czynienia z efektami działań podejmowanych w minionych żywotach bądź zadaniem, które podjęliśmy, decydując się na odrodzenie na Ziemi. Duchowa praca nad sobą i jasnowidzenie w moim doświadczeniu szły osobnymi ścieżkami. Poszukiwałam wiedzy na różne sposoby. Uczestniczyłam w zgromadzeniach Oazowych w kościele katolickim, praktykowałam buddyzm w różnych jego odmianach, próbowałam modlitw z zielonoświątkowcami. Z buddyzmu nauczyłam się skupienia na swoim wnętrzu. Nie rozdrabniałam się na szukanie na zewnątrz odpowiedzi na pytania typu: „Dlaczego akurat mnie coś się przydarza?". Zastanawiałam się raczej: „Co to za lekcja? Co mam dzięki niej w sobie uaktywnić?". Tak przeszłam przez znaczną część swojego życia. Uczyłam się też na swoich rozwodach i innych trudnych doświadczeniach. Ważne jest to, czego się możemy nauczyć na energii oddawanej z otoczenia, czyli w relacji z drugim człowiekiem. Mam tu na myśli zarówno partnerów, jak i znajomych, przyjaciół. Kiedy rozpadały się takie relacje, uważałam, że wszyscy bliscy przychodzą i odchodzą, że mężczyźni i przyjaciele przychodzą i odchodzą, że zmiana jest ciągła, i jedyne, co mogę zrobić, to tę zmienność zaakceptować. Szukałam odpowiedzi na pytania egzystencjalne. To wszystko doprowadziło mnie do uznania, że świat zewnętrzny jest tylko odbiciem mojego świata wewnętrznego. Jeżeli chcę poznać świat zewnętrzny, to muszę poznać swoje wnętrze, i to samodzielnie. Także przez metody wymyślone przez siebie. Medytowałam, pracowałam nad sobą krok po kroku. Poznawałam siebie.

Uczyłam się bioenergoterapii, reiki, energii uniwersalnej, operacji fantomowych, ukończyłam Studium Edukacji Ekologicznej we Wrocławiu. Studiowałam tam biologię, anatomię i fizjologię, radiestezję, akupunkturę i akupresurę. Dokształcam się cały czas i przez lata domykam w sobie mnóstwo różnych umiejętności i dziedzin wiedzy. Właściwie wiele lat mojego życia spędziłam na pogłębianiu wiedzy, jak pomóc innym i sobie. W miarę poszerzania mojej świadomości odwróciłam kierunek – szukam sposobów, jak pomóc sobie, a potem innym.

Ponieważ moja zdolność jasnowidzenia nie przynosiła mi żadnych wymiernych korzyści, nie nadawałam tej umiejętności żadnego znaczenia. Nie robiłam więc nic, by to rozwijać. Wymyślałam sobie różne zawody, które wykonywałam, a które nijak się miały do tego, co drzemało we mnie. Pracowałam w księgowości, w bankach, byłam nianią, sprzątaczką w Norwegii. Ale cały czas – czasami bardziej, a kiedy indziej mniej świadomie – rozwijałam swoją świadomość.

Kilka lat temu miałam wypadek samochodowy, podczas którego mój kręgosłup pękł w dwóch miejscach. Sparaliżowało mi lewą stronę ciała. Leżałam w szpitalu i patrzyłam w sufit, nie mogąc wykonać żadnego ruchu. Byłam załamana, nie wiedziałam, w jaki sposób odnieść się do takiego doświadczenia. Nie miałam żadnego pomysłu na swoje dalsze życie, czułam tylko lęk. Wtedy przyszedł do mnie pewien młody ksiądz, którego pracą było odwiedzanie chorych w szpitalu. Zapytał, czym się zajmuję. Mówiłam o studiach na rehabilitacji, które rozpoczęłam, o pomyśle na własną klinikę (po wypadku niestety nie wróciłam już na studia, nie tylko ze względu na przerwę, ale i na to, że fizycznie nie byłam w stanie wykonywać takiej pracy). Wahałam się, czy powiedzieć księdzu o tym, że mam coś, czego inni nie mają, że widzę, czego inni nie potrafią, i że chciałabym znaleźć konkretne zastosowanie dla mojego jasnowidzenia. Ksiądz dotknął mojej ręki, powiedział, że ma na imię Marcin. Poczułam ogromny przepływ energii i zaczęłam mówić o tym, co widzę. Widziałam go na misji w dalekich krajach… Potwierdził, że właśnie złożył dokumenty do Rzymu, że się o to stara. Wspomniałam o jego konfliktach rodzinnych. Był pod wrażeniem. – Masz dar od Boga – usłyszałam. – Powinnaś zacząć pracować nim dla ludzi. Wtedy pierwszy raz w życiu usłyszałam, że jasnowidzenie może być widziane jako dar. Ksiądz Marcin przychodził do mnie wielokrotnie, dużo rozmawialiśmy – do dzisiaj jestem mu bardzo wdzięczna. Uświadomił mi, że zdolność jasnowidzenia jest wartością.

Po wypadku musiałam pracować nad ciałem. W miarę szybko odzyskałam sprawność, choć pamiętam, że jeszcze przez cztery miesiące od wypadku nie mogłam niczego utrzymać w dłoni, a kciuk zaczął działać po około roku.

To, co działo się ze mną po wypadku, było dla mnie ważnym wydarzeniem. Wtedy właśnie nastąpił moment przełomowy i zwrot w sposobie myślenia. Pierwszy raz w życiu pomyślałam, że chociaż się rozwijam, dowiaduję się coraz więcej o sobie samej, mam świadomość swoich emocji, nawykowych reakcji, robię jakiś poważny błąd. Mimo że pokojowo zakończyłam wszystkie głębsze relacje (moi byli mężowie są moimi przyjaciółmi), nie mam problemów w relacjach z rodzicami i z dziećmi – wciąż coś jest nie tak. Wypadek spowodował, że stanęłam jakby do góry nogami. Na wszystko zaczęłam patrzeć inaczej.

Rok później znów wyszłam za mąż i wyjechałam do Niemiec. Życie po raz kolejny przyniosło wątpliwość: Co będę teraz robić? Mąż przed wyjazdem zadał mi pytanie, które skłoniło mnie do przemyśleń: „Co umiesz i co chciałabyś robić?". Wtedy pierwszy raz uszanowałam swoje jasnowidzenie i zobaczyłam w tym możliwość pracy. Odpowiedziałam mężowi, że lubię prowadzić sesje jasnowidzenia. Tak powstał pomysł na moje nowe życie zawodowe. Najpierw nauczyłam się niemieckiego, potem dostałam się pod opiekę doradcy z niemieckiego urzędu pracy, który wyjaśniał mi, jak swoje zainteresowania przekształcić w profesję, jak założyć firmę, jak sobie radzić z formalnościami. Czekała mnie miła niespodzianka od życia, gdyż zakwalifikowałam się do programu wspierającego małe prywatne firmy i dostałam fundusze na rozpoczęcie działalności jako... jasnowidz.

Niedługo później pierwszy raz wystąpiłam na dużych targach ezoterycznych w Niemczech, co otworzyło mi mnóstwo kontaktów. Spotkałam ludzi, którzy potwierdzili wartość tego, czym się zajmuję. Poznałam wiele osób, które chciały podzielić się ze mną swoimi doświadczeniami – o pracy z wahadełkiem, o sile modlitwy czy praktyce uważności.

Ktoś zaprosił mnie do audycji radiowej, a wtedy zainteresowanie moją pracą wzrosło znacznie z dnia na dzień. Od tamtego czasu biorę też udział w wielu programach telewizji i radiostacji internetowych. Tak uczyłam się używać swojego talentu w pracy zawodowej i coraz bardziej czułam się zrealizowana.

Równolegle z uprawianiem zawodu rozwijałam się duchowo. Miałam jednak pytania, na które nigdzie nie mogłam znaleźć odpowiedzi. Zauważyłam, że dużą rolę w moich związkach odgrywają problemy z emocjami, nad którymi nie potrafię panować, że zaborczość i zazdrość niszczą mój spokój wewnętrzny. Emocjonalnie „wywalało mi korki" w najmniej spodziewanych momentach. Choć żaden partner mnie nie zdradzał, to wszystkim robiłam sceny zazdrości. W końcu doszłam do ściany. Uzmysłowiłam sobie, że tak dalej żyć się nie da, że zamęczę siebie i innych. Miałam dwa wyjścia, albo zwariuję i zamkną mnie z powodu nieumiejętności panowania nad negatywnymi emocjami w psychiatryku albo rozwiążę swoje problemy. Obiecałam sobie, że się nie poddam. Przestałam zwalać winę na partnerów, a – dla odmiany – zaczęłam uważniej przypatrywać się sobie.

Przeprowadziłam się na wieś, nad jezioro i na pustkowiu szukałam ciszy w sobie. Po prawie roku zaczęły się sny z dziećmi. Powtarzały się. Sens każdego z tych snów był ten sam, wciąż opiekowałam się jakimiś dziećmi, zmieniała się tylko sceneria. Może powinnam leczyć dzieci? – pomyślałam. Przypomniałam sobie, że jako dziecko chciałam być zakonnicą i pracować w szpitalach w Afryce. Może to właśnie powinnam robić? Wtedy usłyszałam odpowiedź, ale nie z zewnątrz, tylko z wewnątrz – odpowiedź jakby otworzyła się we mnie, jakby mi klapki z oczu spadły. Bardziej poczułam niż zrozumiałam, że chodzi o moje własne, wewnętrzne dziecko. To nim mam się zająć, zaopiekować. Wtedy było to dla mnie olśnieniem.

Kolejne niesamowite doświadczenie przyszło kilka dni później. *Obudziłam się o 5 rano i pod sufitem zobaczyłam ogromną postać – twarz kobiety pełną miłości. Przez dobrą chwilę nie wiedziałam, co myśleć, i nagle zaobserwowałam, że moja świadomość nie jest połączona ze świadomością Renaty, która leży w łóżku, tylko z kobietą, którą widzę nad głową. Patrzyłam z góry na siebie leżącą na dole. Byłam w szoku przez kilka dni. I od tego momentu zaczął się we mnie proces odsłaniania rzeczy, których nie wiedziałam. Ale ten proces nie ma nic wspólnego z intelektem, to odkrywanie tego, co już gdzieś we mnie istniało. Połączyłam się naturalnie ze swoim aspektem duchowym. Poczułam, że jestem istotą wielowymiarową i doświadczyłam, jak wielka jest przepaść między moją ludzką świadomością jako Renaty i świadomością mnie jako istoty duchowej. Postanowiłam się temu przypatrzeć.*

Codziennie odkrywałam kolejne rzeczy, które były gdzieś we mnie, ale intelektualnie nie miałam o nich pojęcia. Aż doszłam do punktu, w którym skojarzyłam to z Freudem. Z tym, że mamy różne jaźnie – wyższą, średnią i niższą. Robiłam medytacje polegające na zadawaniu pytań i słuchaniu odpowiedzi pochodzących z mojej własnej wewnętrznej wiedzy. Wiedziałam, że chcę integrować to, co rozumiem jako Renata, z tym, co rozumiem z poziomu istoty duchowej. Zaczęłam pracować nad usuwaniem wzorców, nawyków. Krok po kroku pracowałam nad integrowaniem siebie. Chciałam połączyć swoją świadomość ludzką ze świadomością duchową. Najpierw odniesieniem do tej wielowymiarowości była Renata-jasnowidz, dopiero z czasem zrozumiałam, że jestem istotą znacznie bardziej szeroką, niż pojmowałam to jako jasnowidz.

Każdy z nas posiada w sobie potężną wiedzę, ale potrzebuje odpowiednich okoliczności, by się przebudzić. Do tej pory spałam. Odkąd się obudziłam, odkrywam i wykorzystuję tę wiedzę. To wiedza o nas samych. Kiedy zdobędziesz wiedzę o sobie, zrozumiesz też wszystkie struktury na zewnątrz. Dla mnie łatwe jest teraz rozpoznanie drugiego człowieka, spojrzenie w niego, usłyszenie, co mówi. Cały czas trwają moje eksperymenty poznawcze. Miałam ciekawe doświadczenia pójścia głębiej, np. przez medytacje otwierania się na swój ośrodek serca. Poczułam wtedy, że z poziomu swojego ducha jestem kreatorem życia i **NIE MUSZĘ SIĘ JUŻ NICZEGO BAĆ**. Wszystkie lęki dzięki zrozumieniu straciły sens. Przecież jako istota duchowa nie zrobię krzywdy żadnemu własnemu aspektowi. Spojrzałam na siebie jako na istotę, która robi wszystko tak, jak może w tym życiu najlepiej, i poczułam miłość, stan niezwykłego uczucia duchowej łączności. Jesteśmy miłością i mądrością w swojej esencji. Intelekt, który łączymy z *ego*, ma swoje ograniczenia, ale możemy go wykorzystać we właściwy sposób do obserwowania siebie i organizowania swojego życia.

Większość ludzi działa nie z poziomu równowagi, ale z poziomu zakodowanych wzorców emocjonalnych.

Zaobserwowałam, jak dużo wzorców niesiemy z dzieciństwa. Kolejna obserwacja była chyba jeszcze ważniejsza – **NIE WSZYSTKO, CO MYŚLĘ SAMA O SOBIE, JEST PRAWDĄ. MOJE REAKCJE, ZACHOWANIA, ŚWIATOPOGLĄD NIEKONIECZNIE SĄ MOJE – TO NAŁOŻONE, WYUCZONE WZORCE.** Z jednej strony poczułam się wolna, z drugiej niepewna, co będzie dalej. Jakby wszystko odpadło, jakbym się uwolniła. Nazwałam to punktem zerowym. W tym stanie nie wiedziałam, co jest we mnie prawdziwe, a co jest tylko przekonaniem, że jest prawdziwe. Znowu nadszedł moment wyboru reakcji: mogę się załamać, popaść w paranoję albo dać sobie prawo do zadania pytania, kim jestem, i szukania tego, co jest moją prawdą.

Obserwowałam siebie i krytycznie przyglądałam się wszystkim swoim przekonaniom. Pytałam: czy to ja? czy to moje? Prosiłam swoją wyższą świadomość o informacje zwrotne, żeby sprawdzać, czy jest tak, jak myślę. Pracowałam jeszcze po omacku. Odkrywałam siebie od nowa, podważałam to, co już o sobie odkryłam. Przypatrywałam się sobie i zauważałam powtarzające się wzorce.

Uczyłam się, że nie muszę na wszystko, czego doświadczam, patrzeć z perspektywy *ego* – oceniać, czepiać się, nie muszę czuć się źle lub dobrze, czuć się oszukaną czy źle potraktowaną. Za to w każdej sytuacji mogę się uczyć, dowiadywać czegoś o sobie. Asertywność jest ważna, ale próbowałam wyjść poza to. Patrzyłam na świat jako na zewnętrzną rozgrywkę moich wewnętrznych procesów. Jak w teatrze patrzymy na grę aktorów, doceniamy kunszt, ale wiemy, że nie są bohaterami sztuki, tylko grają wyznaczone role.

Wciąż stawiałam sobie pytania: „Czy jestem taka, jak mi się wydaje? Czy jestem dobrym człowiekiem, czy tylko nawykowo wszystkim pomagam, bo niosę wzorzec przymusu pomagania?”. Ta praca trwa do tej pory.

Zadałam sobie pytanie, po co tu przyszłam. I znalazłam odpowiedź, że jestem tutaj, żeby budzić innych do świadomości istoty wielowymiarowej. Na tej bazie zbudowałam metodę pracy dla innych i zaczęłam prowadzić warsztaty. To trwa już sześć lat. Cały czas się w tym rozwijam. **ROZWOJEM NAZYWAM DOCHODZENIE DO NAJLEPSZEJ WERSJI SIEBIE.** W miarę procesu wzrastało też moje zaufanie do mojego wewnętrznego głosu. Czułam, że on może mnie prowadzić.

Teraz już rozumiem i potrafię nazwać, kim jestem. Jestem **ISTOTĄ WIELOWYMIAROWĄ**, która robi doświadczenia w wymiarze ziemskim, tę ziemską egzystencję traktuje jako sposobność do rozwijania się. Jest tylko jeden sens życia, wszystkie inne są drugorzędne. Tym sensem jest rozwój, czyli ciągłe podążanie w kierunku odnajdywania siebie w najpełniejszej i najlepszej wersji.

Chcę dzielić się wiedzą, która ułatwia mi życie. Każdy doświadcza życia inaczej, ale jedno jest pewne: każdy człowiek jest istotą duchową i może obejmować wiele wymiarów. Wszyscy posiadamy emocje, intelekt, duchowość w różnym stopniu ich rozwoju. Moje zrozumienie przychodziło też z różnych poziomów: z wewnętrznego przeczucia, własnego doświadczenia, z kontaktu z innymi – bardzo ważne są informacje zwrotne od innych ludzi. W czasie prowadzonych przeze mnie warsztatów, każdy przechodzi własny proces. Każdy korzysta na swój sposób. Jednego przesuwa o jedno oczko, drugiego o sto. Zapewne dlatego, że każdy przychodzi z innym bagażem, innymi zadaniami do wykonania, z inną motywacją. Jedni znajdują w sobie zrozumienie bardzo szybko, inni ciągle dzwonią do mnie i chcą, żebym to ja za nich zmieniła ich życie. Możemy sobie pomagać, ale każdy z nas tylko sam może odkryć, odnaleźć mądrość w sobie.

Nawet jeśli tylko jednej osobie pomogę rozwinąć świadomość, to jestem pewna, że warto to robić.

Większość z nas nie daje sobie prawa do tego, żeby życiowe lekcje przechodzić lekko, łatwo i przyjemnie. Jesteśmy zakodowani, że trzeba się solidnie natrudzić, żeby sobie zasłużyć na dobro. Każdy z nas na Ziemi uczy się z doświadczeń – czy chcemy tego, czy nie. A zatem nie ma ludzi, którzy się nie rozwijają. Doświadczenia powodujące cierpienie uczą nas najmocniej. Cierpienie wymusza na nas pracę nad sobą. Jednak gdy zaczynamy żyć świadomie, nie musimy już więcej powielać przykrych doświadczeń. Jeśli zdamy sobie sprawę z mechanizmów i wzorców, jakie nami kierują, nie będziemy musieli ich powtarzać i przerabiać w kolejnym doświadczeniu.

Każdy wzorzec (jak np. kata i ofiary) powoduje, że dopóki w nim tkwię, przyciągam sytuacje na nim oparte. Powielają się one tak długo, jak długo nie umiem rozpoznać wzorca. Kiedy się to uda, mam szansę coś z nim zrobić. Podejmując się pracy nad sobą, osiągam świadomość i uwalniam się, usuwam ten program. A kiedy powstaje we mnie zrozumienie, nie muszę już doświadczać sytuacji zbudowanych na tym wzorcu.

Cierpienie nie jest do tego niezbędne. Sama świadomość i radość z rozwoju duchowego daje mi wystarczającą motywację, żeby pracować nad sobą.

Nie ma znaczenia, jakimi metodami dochodzimy do prawdy. Jeśli faktycznie nie jest to iluzja, rodzaj samooszukiwania się, to prawda jest jedna, ta sama dla wszystkich. Na poziomie istoty wielowymiarowej nie ma subiektywizmu. Nie ma oceny, przywiązania, jest tylko miłość, umiejętność kochania innych jako skutek miłości do siebie, a źródłem tego jest równowaga. W swoim procesie doszłam do tej odwiecznej prawdy, o której mówił Jezus i Budda. Metody, jakie stosuję, nie są oczywiście jedyne na świecie. Można odkrywać i usuwać swoje wzorce przy pomocy modlitw, medytacji, ustawień hellingerowskich, sposobem Newtona, kodami uzdrawiania, EFT, dwupunktem i wieloma innymi metodami.

W dniu moich 50. urodzin obudziłam się z poczuciem, że to, co miałam najważniejszego do zrobienia w życiu, mam już za sobą. Pojawiła się potężna równowaga wewnętrzna. Teraz mogę tylko cieszyć się życiem. To nie znaczy, że nie napotykam na przeszkody, że nie będzie problemów. Będą, ale świadomość uwolniła się, przestałam się bać i martwić. Cały czas buduję zaufanie do bycia kierowaną z wyższego poziomu siebie samej. Nawet ci, którzy pracują nad sobą, nie zawsze reagują w równowadze. Ja też. Trzeba cały czas tego szukać, uczyć się obserwować doświadczenie z poziomu równowagi. Ponieważ mój proces przechodzę owocnie, z pewnością i inni mogą z tego skorzystać.

Zachęcam wszystkich do pracy nad sobą, owocnego korzystania z wiedzy, którą się w tej książce dzielę, a także do poszukiwania własnych sposobów.

CZĘŚĆ PIERWSZA

TRZY JAŹNIE ISTOTY WIELOWYMIAROWEJ. ICH CECHY, OGRANICZENIA I FUNKCJE

Jest tak, jakbyśmy żyli na parterze domu, a w piwnicy wyprawiały się jakieś dziwne rzeczy – czujemy silne zapachy, słyszymy dziwne głosy. I zdajemy sobie sprawę, że musimy się wreszcie dowiedzieć, o co chodzi, bo bez tej świadomości nie da się dalej żyć.

C.G. JUNG

PODŚWIADOMOŚĆ

Podział struktur świadomości na niższą (podświadomość), średnią (świadomość ja) i wyższą (nadświadomość) pochodzi z huny i psychoanalizy. Pierwszy raz zetknęłam się z nimi poprzez hunę. Nie używam tych określeń w znaczeniach, jakie przypisał im Pierre Janet, Zygmunt Freud, Carl Gustav Jung czy Eric Berne. Nie jestem teoretykiem – tymi słowami nazywam kategorie odkrywane w mojej pracy, ich znaczenie będę więc wyjaśniać na przykładach.

Rozdzielenie świadomości na trzy części jest pozorne, bo jesteśmy całością. Ten podział służy tylko i wyłącznie lepszemu rozumieniu. Chodzi o to, żeby dowiedzieć się więcej o każdej części mnie, jej działaniu i jej ograniczeniach. Nazywam, żeby zrozumieć. Jeśli chcę się dowiedzieć czegoś o mózgu, to nie zajmuję się budową tułowia, chociaż wiem i nie zapominam, że są połączone. Żebym mogła to lepiej zaobserwować i zrozumieć, wydzielam jakąś część i skupiam się tylko na niej. To jest podział operacyjny, dydaktyczny, badawczy, a nie istotowy.

Podświadomością nazywam tę warstwę czy część istoty wielowymiarowej, jaką jestem, która stanowi rodzaj magazynu, banku danych. Mieszczą się w niej wszystkie informacje z naszej przeszłości, z obecnego życia, także z poprzednich żywotów, żywotów równoległych oraz nasze doświadczenia w innych czasoprzestrzeniach nietrójwymiarowych, które nazywam światami eterycznymi. Zmagazynowane informacje dotyczą więc nie tylko tego, co przeżyliśmy jako ludzie. Podświadomość zbiera wszystko, co zarejestruje – każdy bodziec, każde doświadczenie, każde uczucie i skojarzenie. Stoi na straży czterech fundamentalnych celów, które nazywam filarami podświadomości:

- przetrwaj,
- czuj się akceptowany,
- bądź kochany,
- czuj się bezpieczny.

Te cele ściśle się ze sobą wiążą. Brak poczucia akceptacji wpływa na szanse przeżycia. Niemowlęta niekochane i nieprzytulane rozwijają się wolniej. Zaspokojenie tej potrzeby jest niezbędne, by przetrwać w ziemskiej rzeczywistości. Dotyczy to także zwierząt i roślin.

Podświadomość realizuje to zadanie, rejestrując, gromadząc wszystko, absolutną całość doświadczeń – nie tylko na poziomie słów i obrazów, lecz także na poziomie energii. Wrzuca doświadczenia jak do wielkiego wora. Dla tej części jaźni nie ma znaczenia, czy jesteśmy przytomni, czy śpimy – rejestruje w każdej fazie pracy mózgu.

Kiedy rodzice nie chcą, żeby ich dziecko wiedziało, że się kłócą, robią to tylko wtedy, kiedy śpi. Chcąc być dobrymi rodzicami, wierzą, że w ten sposób zaoszczędzą mu trudnych emocji. Jednak podświadomość dziecka to zarejestruje i najprawdopodobniej będzie ono zakodowane na jakiś ciężki wzorzec komunikacji dokonującej się przez konflikt.

Podświadomość ma tylko jedno zadanie – gromadzić wszystkie informacje po to, by dały nam możliwość przetrwania w świecie, w którym się urodziliśmy. Dąży do tego, żeby zapewnić przetrwanie nas jako gatunku i nas jako jednostki. Częścią woli przetrwania jest potrzeba akceptacji i bycia kochanym. Dlatego podświadomość zrobi wszystko, żeby przetrwać, poczuć się bezpiecznie, być akceptowanym i kochanym. Właśnie w ten sposób budujemy swoją wartość. Wartość budowana przez podświadomość to poczucie, że zasługujemy na miłość. Na poziomie świadomości robimy to innymi sposobami – wymyślamy sobie, że podniesiemy swoją wartość tym, że będziemy bardziej bogaci, znani, ładni, zadbani, kiedy będziemy się obracać w określonym towarzystwie, kiedy osiągniemy sukces, ukończymy studia, osiągniemy światową sławę itd. Większość z nas oczekuje akceptacji otoczenia, określonej grupy, w której żyjemy – społeczeństwa. To wynika z programu naszej podświadomości. Czy jestem w stanie sama to sobie dać? Sama zapewnić sobie wszystko, czego potrzebuję, i to w najlepszym wariancie?

Zasadniczymi cechami podświadomości są:
- subiektywizm,
- bezczasowość,

– upodobanie do rutyny i rytuałów,
– nieocenianie, czyli nieumiejętność rozróżniania np. dobra i zła, czy też użyteczności i jej braku.

Podświadomość niczego nie systematyzuje, łyka wszystko jak świeże bułeczki. Rejestruje nierozróżniane i nieklasyfikowane, bez selekcji sensowności czy oceny przydatności. Zachowane zostają wszystkie dane jak w komputerze wraz z ich powiązaniami, bez względu na to, czy są prawdziwe, czy przekłamane, bądź wręcz iluzoryczne.

Przyjmujemy bezkrytycznie to, co nas spotyka – w tym programy, mechanizmy, przekonania, automatyczne reakcje emocjonalne, powtarzamy odruchy. Nawet jeśli chodzi o robienie bigosu w garnku określonej wielkości, to bywa przecież, że przez pokolenia realizujemy określony program, „bo tak się robiło w moim domu". Choć już dawno nie ma żadnego uzasadnienia, żeby tak właśnie postępować.

Podświadomość pokazuje się w medytacji jako dziecko, ponieważ posiada wiele cech dziecka.

Jacek[1]*, kiedy miał 5 lat, złożył ślubowanie: Jak dorosnę, to się z ciocią ożenię. Przez całe dorosłe życie nieświadomie szukał kobiet, które miały cechy tej ciotki. Uświadomił to sobie w pracy na jednym z moich warsztatów. Najpierw śmiał się, bo poczuł ulgę, ale też dlatego, że to faktycznie go bawiło. Rok temu*

[1] Imiona klientów, których przypadki przedstawiam i okoliczności, które w jakikolwiek sposób kojarzą się z faktycznie istniejącymi osobami są przypadkowe i zmyślone na poczet treści książki. Wyjątkami są osoby które wyraziły zgodę na publikacje.

ożenił się z Dorotą. Nie ma już znaczenia, czy jest ona podobna do ciotki.

Mikołaj wychowywał się wśród kobiet – bez ojca, dziadka, wujków... Jako mały chłopiec chciał żenić się ze wszystkimi siostrami mamy. Nie mógł znaleźć kobiety, mającej cechy wszystkich sióstr matki, więc dokonało się przerysowanie schematu – zaczął szukać mężczyzny. Mikołaj jest gejem. Przyszedł na warsztaty, ponieważ nie akceptował swojego homoseksualizmu.

Jacek i Mikołaj wchodzą w silne relacje zawodowe ze starszymi od siebie kobietami. Zanim rozpoznali swoje programy, byli ich niewolnikami i wielokrotnie podejmowali decyzje jawnie sprzeczne z ich własnym szczęściem, bezpieczeństwem, interesem...

Dla podświadomości nie istnieje czas. Wszystko, co zakodowaliśmy, zanim nasz intelekt zaczął klasyfikować, traktowane jest przez nas poza świadomością jako podstawowa wiedza służąca przetrwaniu i zdobyciu akceptacji. Zatem wszystko, co zarejestrowaliśmy przez pierwszych 6–7 lat życia, zazwyczaj przyjmowaliśmy bezkrytycznie. Dopiero później nasz intelekt zaczął to weryfikować, jednak bez świadomej pracy nad wzorcami – tylko je umacniał i utrwalał. Mechanizmy reagowania powtarzamy nawet wtedy, kiedy przynoszą skutek odwrotny od oczekiwanego. Podświadomość dyktuje nam te wzorce przez całe życie, na ich bazie nieświadomie przyciągamy określonych ludzi i sytuacje.

Na poziomie podświadomym żyjemy w światach czysto subiektywnych. Każdy patrzy przez swoje zupełnie irracjonalne zakodowanie. Można żyć w świecie iluzorycznym, zupełnie nie zdając sobie sprawy, że nie ma się kontaktu z rzeczywistościami innych ludzi.

Alina na podstawie tego, że kolega ją raz serdecznie przytulił, zbudowała sobie historię, która wypełniła jej deficyty. Myśli, że się w nim zakochała, a on odwzajemnia jej uczucie.

Mała Kasia ma braciszka, który jest chory, i mama poświęca mu znacznie więcej czasu niż jej. Kasia myśli, że mama kocha go bardziej.

Podświadomość, jak dziecko, szybko chce zobaczyć owoce swego działania, złości się, kiedy nie widzi efektu realizowania zakodowanego wzorca. Wiedzę o tym, że tak właśnie reaguje podświadomość, możemy wykorzystać w pracy z nią. Znając jej cechy, wiedząc, że nie ma umiejętności odróżniania rzeczywistości od iluzji, możemy z powodzeniem stosować różne techniki, np. wizualizacje, medytacje, po to, żeby podświadomość zarejestrowała, „połknęła" to, co chcemy. Na poziomie mentalnym jesteśmy w stanie rozmawiać z nieżyjącymi bliskimi, możemy zwrócić złożone ślubowania i przysięgi, możemy też wyobrazić sobie zakończenie jakiejś trudnej sprawy bądź wizualizować sobie inny wariant jakiegoś doświadczenia – taki, który przyniesie nam równowagę i radość. Możemy też wyobrazić sobie nawet całkiem nierzeczywiste, niematerialne sytuacje. Na poziomie naszej podświadomości takie doświadczenia w pełni działają, mogą więc być bardzo pomocne w pracy nad sobą.

Jeżeli twój tata używał w domu przemocy fizycznej i w twojej pamięci mama bała się i nie umiała cię obronić, to teraz, jako osoba dorosła, możesz w wyobraźni wrócić do takiej sytuacji i zobaczyć, doświadczyć innego, dobrego zakończenia. Spróbuj doświadczyć, że mama cię broni, a tata się opamiętuje i przeprasza.

Na poziomie podświadomym zmiana nastąpi – będzie to autentyczne doświadczenie. Nie znaczy to jednak, że taka jednorazowa medytacja rozwiąże wszystkie problemy i uwolni od skutków traumy. Wymaga to długiego procesu.

Podświadomość wywołuje określone reakcje ciała, jak w ćwiczeniu z wyobrażaniem sobie cytryny. Kiedy pomyślisz o jedzeniu cytryny, to ślinianki produkują więcej śliny. Następuje fizjologiczna reakcja, choć fizyczny bodziec się nie pojawił. Bodziec wyobrażony może faktycznie wywołać taki sam skutek jak rzeczywisty.

Kiedy śni ci się, że biegniesz, to twoje mięśnie się męczą, nawet wtedy, gdy ciało się nie poruszyło. Dla podświadomości nie ma rozróżnienia na bodźce rzeczywiste i wyobrażone – wszystkich doświadcza jednakowo. To, czego się lękamy, nawet zupełnie iluzorycznie, może pozostać w nas jako silniejszy ślad, niż jakieś prawdziwe zdarzenie. Niestety w ten sposób hodujemy w nas niekiedy bardzo poważne choroby.

Możemy mówić o ciele jako o ruchomym ostrzu, które przeszłość nasza nieustannie wbija w naszą przyszłość.

HENRI BERGSON

Podświadomość przejawia się poprzez nasze emocjonalne reakcje nawykowe. Polami, na których działa, poprzez które przesyła informacje, które może odczytać nasza świadomość, są właśnie:

- ciało,
- emocje,
- sny.

Obserwując te trzy sfery, możemy wiele dowiedzieć się o tym, w jakim stanie jest nasza podświadomość, czym się zajmuje, co jest dla niej najważniejsze. Są różne sposoby wykorzystywania tego zjawiska, jak np. kinezyterapia, która wykorzystuje reakcje naszego ciała, po to, by sprawdzić, co jest dla nas korzystne. Obserwowanie spontanicznych reakcji naszego ciała pozwala zrozumieć wiele mechanizmów naszych działań. Można powiedzieć, że ciało daje nam wskazówki dotyczące problemów, które pilnie trzeba rozwiązać. Świadome śnienie to umiejętność nawiązywania świadomej relacji z podświadomością.

Zaprogramowani na agresję narzekają na bolesną wątrobę, nieujawniona złość bywa przyczyną chorób woreczka żółciowego, zaś lęki – chorób nerek. Jeśli mamy blokady emocjonalne – bo rodzic wymuszał na nas, żebyśmy tłumili w sobie emocje – chorujemy na tarczycę i gardło. Jeśli nasi rodzice byli nadopiekuńczy, możemy rozwinąć alergie oddechowe...

Choroby ciała są informacją z podświadomości. Dokładnie tak samo jest z emocjami. Mówimy: „Czuję strach w brzuchu". Bo dostajemy te informacje na poziomie fizycznego komfortu/dyskomfortu.

Dzięki poczuciu dyskomfortu możemy właśnie rozpoznać, co nam służy, a co nie.

W snach często powstaje presja, by otworzyć to, co jest stłumione – by pewne treści wylały się, opuściły nas jak lawa opuszcza wnętrze wulkanu. Miewamy różne koszmary – uciekamy, gonimy, a nawet zabijamy. Wszystko po to, żebyśmy zwrócili uwagę na problem, jaki kłębi się w podświadomości. Jeśli nie rozwiążemy go, ciągle będzie dręczył nas w snach. Oczywiście informacje w snach często pojawiają się w postaci symboli.

Czuję brak partnera, więc śni mi się facet, który mnie przytula. Dla podświadomości to jest rozwiązanie sytuacji!

Podświadomość nie rozróżnia, koduje wszystko, bez ustalenia, co jest prawidłowym zachowaniem. Więc kiedy dziecko patrzy na rodziców, to bez oceny przejmuje ich zachowania. Czasami taki wpływ ma rodzeństwo, dziadkowie czy inni opiekunowie.

Wszystkie zachowania, reakcje, przeświadczenia, przekonania, emocje, które pokazuje nam środowisko, w którym się rodzimy i wychowujemy, zostają zakodowane. Te kody dają podświadomości fałszywe gwarancje, że przetrwam, pod warunkiem, że będę się zachowywać zgodnie z tymi zakodowanymi wzorcami.

Moja matka uciekała, więc i ja będę uciekać, bo podświadomość „wie", że gwarantuje mi to przetrwanie.

Jednym z programów, z jakimi zetknęłam się w pracy z moimi klientami, jest wzorzec, według którego żyła pewna młoda kobieta. Wybierała sobie tylko takich partnerów, którzy znęcali się nad nią i byli agresywni. Jej program można sprowadzić do zdania: *Ponieważ ojciec był agresywny, ale przynosił pieniądze do domu i dawał poczucie bezpieczeństwa mnie i mamie, to muszę wybierać partnerów, którzy są agresywni. Odrzucę mężczyznę, który nie używa przemocy, bo nie jest on w stanie dać mi poczucia bezpieczeństwa.*

Frustracja potrzeby bezpieczeństwa może być leczona przez uświadomienie pacjentowi możliwości wglądu w samego siebie, zrozumienie konfliktów, wykazanie nierealności jego ja. Pacjent zyska zdolność samorealizacji, kiedy nauczy się rozwijać problemy powtarzających się w jego życiu trudnych sytuacji.

KAREN HORNEY

PROGRAM JEST NAWYKIEM. Nie zastanawiam się, dlaczego chowam klucze i portfel zawsze w prawej kieszeni, po prostu jestem przekonana, że tak się robi.

Kodujemy się całe życie, nie tylko przez te pierwsze lata. Wszelkie silne doświadczenia pozostawiają trwałe programy. Trauma najmocniej kształtuje wzorzec, za którym będziemy podążać, czy którego będziemy unikać.

To, co zostało głęboko zakodowane, pozostaje niezmienne. Wszystko, co całkowicie bezkrytycznie, bezrefleksyjnie przyjęliśmy w ciągu pierwszych lat życia, realizujemy uparcie i wytrwale. Budujemy na tym liczne przekonania. Jednak kiedy odkryjemy i zrozumiemy mechanizm, możemy postępować inaczej niż tak, jak nam to dyktują kody podświadomości. Dopóki nie zmienisz oprogramowania, uwikłanie będzie działać, powtarzać wyznaczone przebiegi. Ale kiedy usuniesz program, będziesz wolny. I nie musisz w jego miejsce wstawić innego programu, innego wzorca wymuszającego określone przekonania i reakcje. To „wolne miejsce" wypełni miłość, mądrość, równowaga i zaufanie.

Zakodowane wzorce mogą być skorelowane pozytywnie lub negatywnie. Żeby to wyjaśnić, posłużę się przykładami przeszłych żywotów.

Byłem mnichem, w społeczeństwie, w którym było to bardzo wysoko cenione, więc w późniejszych żywotach czuję silną potrzebę pomagania innym, odpowiedzialność za innych, ale zupełnie nie poczuwam się do odpowiedzialności za materialne podstawy własnej egzystencji. Tak, jakbym gdzieś głęboko żywił przekonanie, że to, gdzie będę mieszkał i co będę jadł, powinno być mi zapewnione przez resztę społeczeństwa. Mnich przyjmuje ślubowania ubóstwa, czystości – i są one skorelowane pozytywnie, stanowią wartość dla podświadomości w następnym życiu. Na przykład zrzucę odpowiedzialność na partnera, żeby mnie utrzymywał, ale będę chciał wszystkim pomagać i rozwiązywać ich problemy, nawet kosztem siebie i własnej rodziny.

Kiedyś jasnowidzki nazywano czarownicami i palono na stosie, więc w następnych żywotach mogę udawać, że nie jestem jasnowidzem, będę tego unikać. Nie będę mówić wprost, o tym, co wiem, żeby nikt mnie nie przyłapał, żeby nikt nie mógł mi niczego zarzucić. Takie mechanizmy w późniejszych żywotach będą obecne jako strach. Negatywne korelacje dotyczące określonej wiedzy czy umiejętności, nie tylko jasnowidzenia, ukształtowane zostały przez pokolenia spiskowców, zmuszonych do ukrywania się, prześladowanych z powodu swoich przekonań, wyznania.

Wzorce są w nas bardzo mocno wpisane. Bywa tak, że już po założeniu swojej rodziny, kiedy przekraczamy próg domu rodziców, nagle i nieoczekiwanie zachowujemy się dokładnie tak, jak wtedy, gdy byliśmy dziećmi. Automatycznie uruchamiają się dawne kody. Niektórzy są zaskoczeni, że to odpala tak mocno: *Jestem spokojnym człowiekiem, a kiedy tylko wchodzę do rodzinnego gniazda staję się agresywny i kłócę się z matką*. W środowisku, w którym powstały programy, kody bywają najsilniejsze. Dodatkowe okoliczności niejako aktualizują odpalenie starego programu, nawet jeśli był już wielokrotnie realizowany i powielany, także w odniesieniu do innych ludzi. To, co zakodowaliśmy w dzieciństwie, przenosimy na innych, na męża, córkę czy szefa. Wzorca nie odnosimy tylko do sytuacji podobnych do tych, w których został zakodowany, czyli do sytuacji rodzinnych. Powielamy go w każdej sytuacji, w której rezonujemy na tym akurat wzorcu. Bo wzorzec jest w nas zakodowany jako mechanizm, a nie jako sytuacja.

Ojciec zdradzał matkę, więc kiedy do mojego męża dzwoni telefon, to uruchamia mi się zazdrość, chociaż nawet nie wiem, kto dzwoni. Nawet jeśli to jego brat, odczuwam zazdrość i boję się. Właśnie wtedy uruchamia się, utrwalony w podświadomości, mechanizm zagrożenia. Przejęłam z dzieciństwa poczucie zagrożenia, z którym żyła moja matka, i nadal uruchamiam w sobie ten wzorzec.

PODŚWIADOMOŚĆ, JAK DZIECKO, LUBI RUTYNĘ I RYTUAŁY. Wiedza o tym zjawisku wykorzystywana jest w psychologii, w ceremoniach świeckich i religijnych. Kiedy na przykład kończymy związek z partnerem, to warto zrobić rytuał polegający np. na spaleniu jego zdjęcia, by podświadomość przyjęła w zgodzie ze sobą, że to faktycznie jest koniec. Na podświadomość to działa. Podobnie jak powtarzalność, która buduje trwałe wzorce.

Kiedy na przykład realizujemy wzorzec pracoholizmu, jest tak, jakbyśmy mówili dziecku: „Musisz wstawać codziennie rano i biec do szkoły. Nie ma wolnych sobót ani niedziel". Czy jakieś dziecko to wytrzyma? Żadne. My też nie wytrzymujemy, nawet kiedy tłumaczymy sobie, że trzeba wziąć dyżur w czasie weekendu, bo szef prosił, albo dlatego, że potrzebujemy dodatkowych pieniędzy. Taki program i inne potrafią nas zadręczać, a podświadomość może być wyczerpana podobnie jak bardzo zmęczone dziecko.

Perfekcjonista nie może się nigdzie spóźnić, nic nie może mu wypaść z planu. Musi być zawsze w doskonałej formie i wszystko zrealizować doskonale. Jak z takim programem czuje się nasza podświadomość, która przeżywa emocje jak dziecko?

Większość z nas programuje się na wyzwania. Stawiamy sobie kolejne wyzwania, które mają działać jako motywacja do rozwoju. Żadne dziecko nie będzie czuło się dobrze, kiedy wciąż popychane będzie słyszeć: Zrób więcej, możesz więcej, na pewno dasz radę. Nikt tego nie wytrzyma.

Kiedy wiesz, czym jest twoja podświadomość, możesz zacząć się o nią troszczyć. Z poziomu świadomości i wrażliwości dorosłego człowieka.

W podświadomości wszystkie potrzeby, lęki, programy są zakodowane po to, żeby walczyć o przetrwanie, poczucie bezpieczeństwa, akceptację i miłość. Jeśli znam i szanuję potrzeby swojej podświadomości i świadomie umiem się z nią obchodzić, dam sobie możliwość przetrwania, ale jednocześnie będę też organizować swoje życie tak, by nie musieć ciągle czerpać od innych, np. bezustannie domagać się deklaracji miłości i gwarancji bezpieczeństwa od rodziców czy partnera. Świadomość potrzeb podświadomości pozwala je zaspokajać w sposób zrównoważony, a nie według programów, i uwalniać się od powtarzania męczących działań, wynikających z neurotycznych mechanizmów wypełniania deficytów, niedoborów.

MARIA: *Zamierzałam kupić mieszkanie i mama powiedziała, że mogłaby dołożyć mi trochę pieniędzy. Minęło parę miesięcy, umawiam się do notariusza i dzwonię do mamy. Ona mówi: Nie dam ci tych pieniędzy, bo je wydałam, zaczynam remont swojego mieszkania. Zdenerwowała mnie. Nawrzeszczałam na nią i nie odzywałam się do niej przez kilka miesięcy. Ale ponieważ pracuję nad sobą, uświadomiłam sobie, że coś jest nie w porządku. Jednak napisałam do niej dopiero na Dzień Matki. Oddzwoniła: Wiesz, bałam się do ciebie dzwonić, bo na mnie nakrzyczałaś. Przeprosiłam ją i wytłumaczyłam wszystko – sobie i jej. Jako małe dziecko byłam dobrą uczennicą, nie było ze mną problemów, więc nie trzeba się było o mnie specjalnie troszczyć. Natomiast mój brat ciągle miał kłopoty, nauka mu nie szła, więc mama się nim zajmowała bezustannie. I ja jako dziecko – i na poziomie wewnętrznego dziecka – odebrałam to tak, że poświęcała uwagę bratu, a nie mnie, ponieważ jego kochała, a mnie nie. Poczułam się niekochana, odrzucona. Te pieniądze na mieszkanie, na poziomie wewnętrznego dziecka, miały być elementem, który pozwoli mi poczuć, że matka zrobiła coś dla mnie.*

Mama powiedziała, że bardzo mnie kocha, i wtedy pierwszy raz to do mnie dotarło. Pierwszy raz głęboko poczułam, że jestem przez nią kochana, chociaż mówiła mi to i okazywała wiele razy. Jednak ja tego nie słyszałam. Naprawdę pierwszy raz usłyszałam to, mając 50 lat. Jak to możliwe, żeby przy swojej świadomości, przy swojej wieloletniej pracy nad sobą, tego nie zauważyć? Zresztą pieniądze, których mi brakowało, zarobiłam bardzo szybko, czyli tak naprawdę w ogóle ich od mamy nie potrzebowałam. Dla podświadomości miały być dowodem, że mama się o mnie troszczy, opiekuje się mną, że mnie kocha. Czyli moja reakcja wynikała z deficytu, z niedoboru. Poza tym uświadomiłam sobie, że miłość, rozumianą jako prawo do istnienia, mogę dać sobie sama, że nie muszę już reagować jak małe dziecko, które na swoim chce postawić i poczuć, że jest kochane. Mogę sama wziąć odpowiedzialność za siebie i o siebie zadbać. Z tego punktu widzenia naprawdę nie muszę, mając 50 lat, przymuszać mojej 75-letniej matki do „udowadniania" mi miłości.

Przez wiele lat takie rozwiązanie nawet nie przychodziło mi do głowy. Wzorce działają nieracjonalnie. Wielu ludzi traktuje taką sytuację właśnie jak dziecko: Mam matkę, która pomaga bratu, a mnie nie. I w najlepszym wypadku pójdzie na kolejny kurs i wybaczy jej, że była taka zła. A tu zupełnie nie o to chodzi.

Mama zadziałała na poziomie przetrwania. Mając dwoje dzieci wspierała bardziej to, które sobie nie radziło, żeby dać mu większe szanse na przeżycie, a mniej zajmowała się tym drugim, które doskonale dawało sobie radę. Bo matka chce, żeby oboje dzieci przetrwało.

Jesteśmy istotami wielowymiarowymi, więc nie działamy tylko na poziomie podświadomym jak zwierzęta, które odrzucają słabe potomstwo, karmiąc tylko to sprawne i silne. Poświęcenie życia za kogoś czy dla kogoś nie odbywa się ani z poziomu podświadomości, ani świadomości, tylko z poziomu nadświadomości, czyli ducha. W dramatycznych sytuacjach potrafimy właśnie ten poziom uaktywnić. Aspekt duchowy nas poszerza, to on nam daje możliwość zatroszczenia się o słabsze dziecko. Ale to już materiał na drugi tom...

DAREK: *Podczas którejś z kolei kłótni z żoną zacząłem wreszcie zadawać sobie pytanie: Dlaczego tak się zachowuję? I pojawiła się odpowiedź: Bo mam niedobór, bo czuję się odrzucony. Ale przecież żona mnie nie odrzuca, więc dlaczego tak się czuję? W moim przypadku dlatego, że kiedy byłem dzieckiem, bardzo przeżyłem, że odrzucił mnie ojciec. Przez parę lat małżeństwa, zamiast obserwować swój problem i pójść w tym kierunku, czepiałem się żony, że jest taka wredna i podła. Zaprzągłem intelekt do oceniania mojej żony, nazywania rzekomo złych cech jej charakteru, a nie widziałem tego, że podświadomość więzi mnie w programie odrzucenia.*

Nasza podświadomość przejawia się w naszych nawykach, reakcjach emocjonalnych, uczuciach. Tylko tak jest dla nas widoczna. Kiedy rezonuję z jakimś człowiekiem i np. natychmiast wchodzę z nim w rywalizację, nie jest to przecież wynikiem procesu intelektualnego – coś mnie przymusza, coś rezonuje z moich wewnętrznych programów i nagle czuję przymus udowodnienia, że to ja mam rację. Nad tym intelekt nie panuje, to idzie jak z automatu, tak, jak zostało zakodowane.

Stan swojej podświadomości możesz rozpoznać po takich swoich reakcjach, które są zaburzone. Zaobserwuj, które twoje reakcje nie zmierzają do równowagi, ale są skutkiem działania określonego programu. Na tej płaszczyźnie wszyscy działamy na najniższych instynktach. Nasz dyskomfort jest tutaj słowem-kluczem. Zawsze wskazuje, czy działamy z poziomu zakodowanego wzorca.

Dziecko zwykle nie może przekroczyć rodzica. Dlatego dzieci często same popychają rodziców do rozwoju, zmiany światopoglądu. Nie robią tego świadomie – wpuszczają coś nowego, buntując się. Tym sposobem prowokują rodziców do konfrontowania się z samymi sobą, do przekraczania siebie. Dla dziecka rodzic, taki jaki jest, jest gwarantem poczucia bezpieczeństwa. Dziecko nie może występować przeciwko rodzicom, bo wtedy z poziomu podświadomości podważy swoje poczucie bezpieczeństwa i potrzebę bycia kochanym. Chce się rozwijać, iść do przodu, więc żeby to osiągnąć, może podświadomie prowokować rodzica do zmiany. A kiedy rodzic dokona zmiany, przetrze szlak dziecku.

Są dzieci, które przychodzą na Ziemię właśnie po to, by złamać rozbudowany system reakcji – wzorce całego rodu. W psychologii, w totalnej biologii mówi się o jednostce, która łamie wzorce po to, żeby dać możliwość przemiany całej rodzinie czy większej wspólnocie. Taka istota przetrze szlak, by przerobić coś diametralnie. Często jest nazywana czarną owcą. Niejednokrotnie poświęca nawet swoje życie, wybiera trudną drogę – decyduje się wykonać ogromną pracę, by przeciwstawić się fali energii rodziny i wszystkim jej wzorcom. Łamie je i wyznacza nową drogę całej grupie, samą siebie często skazując na wykluczenie. Mimo to wykonana praca uwalnia i ją, i grupę od niszczących programów. Gdyby taka osoba nie pojawiła się, nadal utrwalałyby się niezrównoważone, nieprawdziwe reakcje w rodzinie, wspólnocie.

Nawet najprostsza reakcja każdego człowieka jest zorientowana na przetrwanie i zdobycie miłości. Kiedy gotuję obiad, chcę, żeby ktoś, z kim będę go jadła, powiedział, że mu smakuje. Nie dlatego, że nie wiem, czy ugotowałam dobry obiad, ale dlatego, że chcę poczuć akceptację, poczuć, że zasługuję na miłość. Sama dla siebie muszę czuć, że zasługuję na miłość. W każdej sprawie. Nawet w sprawie gotowania kartofli.

LUDZKA ŚWIADOMOŚĆ

Świadomość ludzką, intelekt, myślenie, nazywam egoświadomością. Pracując nad sobą, odkryłam, że jednak nie o egoizm tu chodzi. Zwyczajna ludzka świadomość, przypisana do ciała, do rzeczywistości ziemskiej, w której istniejemy, to jest właśnie *ego*. Na tej płaszczyźnie nie jest ono iluzją – jest świadomością, która pozwala nam się zorganizować, funkcjonować w ziemskim świecie. Pomaga nam rozpoznawać i klasyfikować nasze reakcje i podjąć świadomą decyzję o ich zmianie. Problem zaczyna się dopiero wtedy, kiedy wyciągamy błędny wniosek dotyczący jego sfery zadań.

Wielu z nas odradzało się jako człowiek już wielokrotnie. Świadomość wyciąga z tego często błędny wniosek, myśląc, że to ona sama kreuje rzeczywistość, że z ludzkiego poziomu jesteśmy w stanie rzeczywistość stwarzać. Takie myślenie jest pułapką, bo w gruncie rzeczy jesteśmy ograniczeni, zarówno ciałem fizycznym, jak i warunkami rzeczywistości, w której żyjemy. Mówiąc o ciele fizycznym, mam na myśli wszystkie zmysły, ale i rodzaj zrozumienia, które tutaj, na tym poziomie, w tych ludzkich uwarunkowaniach jesteśmy w stanie osiągnąć.

Ten rodzaj świadomości jest nam potrzebny po to, żebyśmy byli w stanie organizować sobie życie na Ziemi. Do tego nie potrzebujemy władzy rozstrzygania, co jest prawdziwe, a co iluzoryczne, tylko co jest skuteczne, co przynosi spodziewane rezultaty, a co nie. Chodzi o to, żeby rozumieć, że ta świadomość służy organizacji, umożliwia nam aktywność, bycie, uczestniczenie, doświadczanie tej rzeczywistości. Jeżeli mamy pójść po bułki, do szkoły, umówić się na rozmowę czy ugotować obiad, to nie potrzebujemy do tego podświadomości ani nadświadomości. Sferą, w której funkcjonuje ludzka świadomość, jest to, co wszyscy zgodnie nazywamy rzeczywistością – świat opisywany przez fizykę, biologię i chemię.

Żyjąc z chwili na chwilę, z dnia na dzień, cały czas organizując sobie czas, można popaść w złudzenie, że nie organizujemy sobie życia, ale je kreujemy. Jeśli udaje mi się zrealizować zaplanowane cele, łatwo uwierzyć, że jestem kreatorem. *Zamierzam skończyć szkołę i kończę ją z wyróżnieniem. Chcę pracować w firmie X i zostaję w niej zatrudniona. Chcę poznać odpowiedniego mężczyznę i założyć rodzinę – wychodzę za Janka i mamy dwoje dzieci.* Wszystko się sprawdza, egoświadomość otrzymuje potwierdzenie swojej genialności – jest skuteczna: wykreowałam sobie takie życie, jakie chciałam mieć. Jednak kreacja rzeczywistości nie jest domeną egoświadomości. Jest nią organizacja i zdolność do uświadamiania sobie tego, co nieuświadomione, i w związku z tym – do podjęcia decyzji o zmianie.

Jeżeli jestem dobrym organizatorem, osiągam zamierzone cele. Bo kiedy mamy dużo doświadczenia w aktywnościach ziemskich, to bierzemy pod uwagę liczne czynniki, uwarunkowania, umiemy przewidzieć ryzyko. Przygotowujemy nie tylko plan A, lecz także plan B, a nawet C. Potrafimy być elastyczni – mamy umiejętności, które wykorzystujemy, gdy każdy z planów zawiedzie. Ale nie jesteśmy kreatorami. Kreator to ktoś, kto zna wszystkie prawa, wie, jak się posługiwać okolicznościami, wie, jaki rezultat chce wykreować i jest w stanie tego dokonać, przekraczając wszelkie ograniczenia – ma wizję i potem całkowity wpływ na to, jak ją zrealizuje. Z poziomu naszej ludzkiej egoświadomości ostatecznie nie mamy takiego wpływu.

Możemy wyruszyć do sklepu, który zawsze jest czynny od 11 do 19, mając pewność, że zrobimy zakupy, ale może się zdarzyć, że z powodu awarii prądu sklep zostanie zamknięty o 15. Nie jesteśmy w stanie tego przewidzieć, a więc z całą pewnością nad tym nie panujemy.

Na wiele okoliczności nie mamy żadnego wpływu. Jesteśmy ograniczeni rzeczywistością, w której funkcjonujemy. Ogranicza nas także nasze ludzkie ciało. Nie jesteśmy w stanie wszystkiego zauważyć, rozpoznać. Nie zawsze umiemy dostrzec i zebrać wszystkie możliwe dane i wyciągnąć poprawne wnioski. Chorujemy, bywamy zmęczeni, miewamy zaburzenia wzroku czy słuchu. Jesteśmy ograniczeni trwale i zasadniczo. Nasze ciało fizyczne, ze zmysłami i narządami, niesie określone ograniczenia, siłą rzeczy także nasza ludzka świadomość jest ograniczona.

Odbieramy przecież rzeczywistość jedynie w określonych zakresach. Infradźwięków nie słyszymy. Niektóre zwierzęta posiadają zmysł echolokacji, my nie. I tego akurat nie jesteśmy w stanie przeskoczyć, bo nasze ludzkie ciało nam na to nie pozwala.

Dlatego uważam, że tworzenie afirmacji z poziomu egoświadomości jest błędem. Wymyślamy afirmację, formułujemy nasze aspiracje na podstawie tego, co jest nam dostępne na tym poziomie, na którym jesteśmy. Budujemy afirmację na bazie informacji, które posiadamy dzisiaj. *Skoro zarabiam 4 tysiące, to planuję mieć w przyszłości mieszkanie 2-pokojowe. Nikt z nas przy takich zarobkach nie pozwoli sobie nawet na marzenie, a cóż dopiero na afirmowanie, posiadania domu za 10 milionów złotych. To byłoby irracjonalne. A przecież nie wiem, jak się życie potoczy. Może napiszę książkę, którą noszę w głowie, a ona stanie się światowym bestsellerem, i zarobię wystarczająco dużo, aby kupić luksusowy dom?* Nie warto więc ograniczać się własną wiedzą i niewiedzą.

Nasze spojrzenie na rzeczywistość jest ograniczone do wiedzy, którą dysponujemy w danym momencie, ograniczone do zebranych dotąd doświadczeń i przeświadczeń. Na tej podstawie wyobrażamy sobie, co jest, a co nie jest w naszym życiu możliwe. Nie jesteśmy w stanie stworzyć rzeczywistości, która wymyka się naszym możliwościom – takim możliwościom, których w danym momencie jesteśmy świadomi. To, co się zdarza, zazwyczaj jest dla nas niespodzianką. Niektóre z rzeczy, które nam się przydarzają, nazywamy cudami tylko dlatego, że wymykają się rozumieniu naszej egoświadomości.

Nie wykreuję tego, że będę biegaczem, jeśli mam genetycznie słabe serce. Ale z perspektywy ludzkiej świadomości mogę zrobić to, co możliwe, czyli dowiedzieć się, jak wzmacniać swoje serce, jak ćwiczyć, jaką dobrać dietę i jak powoli przekraczać swoje ograniczenia. Jednak na to, by zostać mistrzem raczej szans nie mam.

Jeśli chciałabym sobie stworzyć idealnego partnera, wprowadzić do mojego życia partnera idealnego, to jestem w stanie przyciągnąć tylko takiego, jakiego umiem sobie wyobrazić, jakiego jestem w stanie sformułować w sobie samej. Mogę określić, jaki on ma być, jak ma się zachowywać, jak wyglądać. Ale nie jestem w stanie stworzyć czegoś, co nie mieści się w mojej głowie. Tak ucieleśnia się ograniczenie, które jest we mnie samej. Nie jesteśmy w stanie stworzyć czegoś, co wykracza poza rzeczywistość materialną i poza prawa w niej funkcjonujące. A ponieważ tak długo powielamy ten zestaw wzorców, to uznajemy się za „fachowców" i w końcu traktujemy siebie nie jako organizatora, a jako twórcę rzeczywistości, w której żyjemy.

Na wydolność naszego ciała, struktury mózgu i zakres aspiracji mamy określony wpływ, ale nie jest on zasadniczy. Chyba że zaufamy sobie jako istocie duchowej i pójdziemy za tym, co jest w nas większe, szersze. I o tym będą następne rozdziały tej książki.

Zadanie ludzkiej świadomości jest tylko jedno – organizować nasze ziemskie życie w taki sposób, żebyśmy mogli funkcjonować na tyle komfortowo, by minimalizować ryzyko utraty nadziei na szczęście, zręcznie lawirować między przeszkodami na drodze naszego życia. Daje to możliwość rozwijania się cząstce naszej świadomości. W ten sposób zbieramy doświadczenia. I dzięki nim uczymy się.

Monika podjęła decyzję, że chce być szczęśliwa z partnerem, który skupia całą uwagę na niej. Za każdym razem wchodzi w związki z żonatymi mężczyznami. Czyli organizacyjnie działa przeciwko sobie, niewłaściwie organizuje swoje życie, podejmuje błędne decyzje, sprzeczne z jej wewnętrzną potrzebą.

KAROLINA: *Martwię się o to, że nie mam pracy, a zupełnie bezmyślnie zrezygnowałam z poprzedniego etatu, nie szykując sobie nowego zatrudnienia. Dobra organizacja polega na tym, że nie zwalniam się z dotychczasowej pracy dopóty, dopóki nie będę miała na oku kolejnej. Bo wiadomo, że kiedy mieszkam tutaj na Ziemi, to muszę mieć źródło pieniędzy, muszę zarobić na jedzenie, ubranie, rachunki itd.*

Drugie zadanie świadomości to dawanie możliwości rozwoju cząstce duchowej, przebywającej w moim ciele i eksperymentującej poprzez doświadczenia, które są moim udziałem. Wiadomo, że tutaj uczymy się przez doświadczenia. Z tego poziomu także sytuacje, które zorganizowaliśmy nieprawidłowo – czyli takie, które sprawiają kłopoty – dają możliwość rozwoju mojej cząstce duchowej. Mogę się uczyć przez wszystkie doświadczenia, pozytywne i negatywne, przez działania dobrze i źle zorganizowane, przez doświadczenia, które dają radość, i przez te, które przynoszą mi cierpienie.

W tym sensie nie ma czegoś takiego, jak błąd. W tym kontekście, w szerszej perspektywie na Ziemi nie ma istot, które się nie rozwijają. Ale jeśli zorganizujemy to sprawniej, lepiej wykorzystamy nasz umysł (nie będziemy od niego wymagać niemożliwego), to siłą rzeczy będziemy szczęśliwsi i sensowniej wykorzystamy czas pobytu na Ziemi.

Kiedy wybieram się zimą na wycieczkę, to będzie lepiej, jeśli założę szalik, czapkę i rękawiczki. Jeśli tego nie zrobię, bo zapomnę, nie zorganizuję się, to będzie mi gorzej. To oczywiste. Wtedy będzie mi zimno, zachoruję albo będę zmuszona na miejscu pożyczyć je, albo kupić. To naturalne, że będę szukać sposobu, by stworzyć sobie lepsze warunki.

Podświadomość przekłada się na świadomość. Wzorce zaprogramowane w podświadomości realizują się na poziomie świadomości. Wzorce kształtują nasz światopogląd. Wytrwale więc gotujemy obiady swoim mężom, żeby usłyszeć od nich, że są smaczne, co dla podświadomości będzie znaczyło, że zasługujemy na miłość.

Ela miała agresywnego ojca i uważała, że wszyscy faceci są agresywni. W dzieciństwie czuła, że ojciec dawał jej poczucie bezpieczeństwa, a przez wiele lat swojego dorosłego życia żyła w przekonaniu, że tylko agresywni mężczyźni gwarantują poczucie bezpieczeństwa.

Kobieta, która nie miała ojca, zwykle będzie szukała starszego partnera. Zorganizuje się tak, żeby go mieć. Kiedy od koleżanki usłyszy: Weź sobie młodszego, będzie ci fajniej – to nawet intelektualnie będzie to dla niej niezrozumiałe.

Waldkiem w dzieciństwie opiekowały się dużo starsze kobiety: babcia i jej dwie siostry. Wierzył, że wszystko umieją, że wszystko robią najlepiej. Dopiero podczas terapii zrozumiał, że żył według programu: żadna młodsza kobieta nie potrafi niczego zrealizować. Chociaż w czasie sesji zaśmiał się i powiedział: Przecież to irracjonalne. Wtedy właśnie zobaczył, że to dlatego przez całe życie wiązał się tylko i wyłącznie z kobietami znacznie starszymi od siebie. Nasze intelektualne opinie budujemy często na podstawie wzorców podświadomości.

Jako istota wielowymiarowa jesteśmy całością. To, co dzieje się w nas, rozgrywa się na różnych płaszczyznach – emocje, intelekt, ciało fizyczne. W tych procesach nie ma znaczenia, czy mamy ich świadomość. Nawet kiedy zejdziemy wyłącznie do poziomu człowieka i nie będziemy szukać w sobie niczego, co wykracza poza trzy wymiary naszej rzeczywistości, to i tak posiadamy pierwiastek duchowy – możemy tylko bardziej lub mniej z nim współdziałać w tej sferze, która zależy od naszej woli.

Poszczególne świadomości są ze sobą skorelowane, ale funkcjonują na różnych płaszczyznach. Po kontuzji, kiedy ciało odmawia posłuszeństwa, możemy jednak biec dalej. Na przykład po to, żeby dokończyć wyścig. Możemy lgnąć do mężczyzny, który nas zranił, chociaż intelekt podpowiada, że nie jest właściwym dla nas partnerem. To przejawia się w różnych szufladkach, ale dotyczy tej samej komody. Dlatego czasami w pierwszej chwili nie umiemy zobaczyć połączenia. Dopóki nie zobaczysz całej komody, nie widzisz połączeń. Mama i koleżanki mówią:

„Zostaw tego faceta, cierpisz przez niego". A ty nadal się go trzymasz. Dlaczego? Z powodu wkodowanych programów emocjonalnych, bo on z nimi rezonuje. I nikt cię nie przekona – nie mają znaczenia żadne rozsądne argumenty, ponieważ one dotyczą wyłącznie sfery intelektu. A na poziomie emocjonalnym podświadomość robi swoje. To uczucia wpływają na intelekt, a nie odwrotnie. Podświadomość może go całkiem zmanipulować i wykorzystać, by wspierał zakodowane wzorce przez ich rzekomo rozsądne uzasadnienia. Programy zaprzęgają nasz intelekt do budowania wytłumaczeń dla naszych działań. Gdybyśmy umieli w danym momencie posłuchać ich z zewnątrz, na chłodno – uznalibyśmy je za zupełnie absurdalne.

Świadomość łączy nas z rzeczywistością, którą wybraliśmy jako płaszczyznę, na której przeprowadzamy doświadczenia, na której uczymy się. Aspekt wyższy i niższy wpływa na nas, żebyśmy mogli skorzystać w pełni z siebie jako całości, żeby móc przeprowadzić doświadczenia, jakie zdecydowaliśmy się zrealizować, nauczyć się jak najwięcej i pójść jak najdalej.

Nasza ludzka świadomość nie ma bezpośredniego wpływu na nadświadomość. Tak, jak intelekt nie wpływa na uczucia. Nie jesteśmy przecież w stanie sobie wytłumaczyć, żebyśmy zaczęli albo przestali kochać. Albo uczucie samo się wypali, albo usuniemy wzorzec, który wywołuje daną sytuację. Inaczej nie da się tego zrobić.

Egoświadomość, na która składają się nasze zmysły i nasz intelekt, w kwestii zakodowanych wzorców rzadko umie dostrzec związek przyczyny ze skutkiem, bo na przykład przyczyna nastąpiła, kiedy ktoś miał 2 latka, a skutek pojawił się w wieku lat 40. Dlatego nie jesteśmy w stanie świadomie niczego kreować. Zasób naszego intelektu nam na to nie pozwala.

Dla świadomości istotna jest struktura czasu. Żyjemy w czasoprzestrzeni, czyli w rzeczywistości czasu i trzech wymiarów przestrzennych. Wszystko wydarza się tu w odniesieniu do tego, co było przedtem i tego, co będzie potem. Kiedy pisałam tę książkę, myślałam o tym, że potem ktoś będzie ją czytać, i wracałam pamięcią do warsztatów, które prowadziłam.

Nasze przysłowie *Mądry Polak po szkodzie* podkreśla znaczenie faktu, że dopiero po upływie czasu mamy większe szanse na refleksje, wyciągnięcie prawidłowych wniosków – doświadczanie „szkody" pomaga nam się czegoś nauczyć. Ale dopiero kiedy minie czas, kiedy ochłoniemy.

W świadomości ludzkiej czas jest cechą rzeczywistości – jedną z podstawowych jej kategorii. Daje nam sposobność do zdystansowania się wobec swoich doświadczeń i, co za tym idzie, świadomego uczenia się.

Liniowość czasu umożliwia budowanie dystansu do życia. Nie uczymy się w momencie, kiedy doświadczamy, tylko po jakimś czasie. Dopiero po fakcie jesteśmy w stanie wyciągać wnioski. W tym sensie czas jest warunkiem rozwoju, ułatwia go. Wyciąganie wniosków w trakcie doświadczenia nie jest niemożliwe, ale jest rzeczywiście trudne – dlatego zdarza się bardzo rzadko. Możemy jednak się w tym trenować, podobnie jak w technikach uważności. Warunkiem świadomego rozwoju jest bycie tu i teraz jednocześnie: w podświadomości, świadomości ludzkiej i pierwiastka duchowego.

Pracując nad sobą, uświadamiam sobie, że jestem istotą wielowymiarową, i dochodzę do poczucia, jak cenne jest żyć tu i teraz. Zrozumiałam, że jedyne, co mogę zrobić, to usuwać wzorce, tak aby przestały mnie ograniczać, i uzyskać w sobie taką równowagę, żeby moja reakcja na rzeczywistość wybudowaną przez moją wyższą jaźń, była najbardziej zrównoważona. Krótko mówiąc, powinniśmy żyć tu i teraz, bo tylko takie podejście pozwala nam być szczęśliwym. Poza byciem tu i teraz nie ma możliwości świadomej pracy nad sobą. Pojęłam to dopiero po przeżyciu 50 lat.

Przestań oceniać – to do niczego nie jest potrzebne.

Bywają ludzie, którzy przychodzą na warsztat, a potem piszą do mnie o ustawieniu światła w sali, gdzie odbywają się zajęcia albo o tym, w jakim kolorze włosów jest mi najkorzystniej. Zamykają się, żeby utrzymać swoje oprogramowanie, „owzorcowanie". Kiedy trzymamy się kurczowo swoich wzorców i struktur, rozwój zostanie boleśnie wymuszony, np. nasze ciało odpowie na to rozwinięciem jakiejś choroby. Na szczęście posiadamy wolną wolę, możemy pracować nad sobą, uwalniać się i iść dalej, cierpiąc mniej.

Możemy budować motywację z poziomu naszej ludzkiej świadomości. Na poziomie ludzkim oprócz cierpienia – czyli trudnych doświadczeń, które wymuszają na nas przemianę – silną motywacją jest także opłacalność. Jesteśmy w stanie rozwijać się duchowo, realizując tylko nasze ludzkie cele. Rozwijanie umiejętności interpersonalnych, doskonalenie się w pracy zespołowej, praca nad rozwojem własnej kreatywności także przynosi określone efekty z punktu widzenia rozwoju duchowego. Bywają biznesmeni, którzy szkolą się, szukają metod pracy nad sobą, ponieważ uważają, że zawodowo im się to opłaci. Często powoduje to rzeczywisty rozwój, w wielu wymiarach. To jest nasz ludzki poziom motywacji, ale i dzięki temu następuje rozwój duchowy.

W tym sensie bycie człowiekiem jest wyjątkowo wygodne – pozwala rozwijać się nawet bez świadomości tego procesu, czyli na poziomie tresury wymuszanej przez życiowe okoliczności. Są jednak stany, w których ten rozwój zostaje zablokowany – dzieje się tak w niektórych poważnych upośledzeniach, ciężkiej depresji, a także kiedy doświadczamy cierpień o bardzo wysokim natężeniu.

WYŻSZA JAŹŃ

Trzeci, duchowy, aspekt naszej świadomości nazywam wyższą jaźnią. Z poziomu ludzkiej świadomości nie mamy z nią bezpośredniego kontaktu. Bywa, że wyższa jaźń przekazuje nam informacje przez sny. Dzieje się to bardzo rzadko i zazwyczaj rozpoznajemy wyjątkowość takiego snu. Obrazy są czyste, klarowne, wręcz nasycone prawdą, odczuwamy bogactwo ich znaczenia. Najczęściej zapamiętujemy je na całe życie.

Nasza wyższa jaźń wykreowała rzeczywistość, w której żyjemy. Kontaktuje się z naszą egoświadomością poprzez znaki, czyli zbiegi okoliczności, które nie są jednak przypadkowe. Warto też wspomnieć w tym miejscu o intuicji, która należy do naszej wyższej jaźni. Dzięki intuicji i znakom, których rozpoznawania mamy szanse się nauczyć się, możemy odbierać informacje z wyższego poziomu.

Wyższą jaźń możemy rozumieć jako potężną istotę, która postanowiła przeżywać różne doświadczenia w różnych wymiarach. Funkcjonuje poza ograniczeniami ludzkiej rzeczywistości, doświadczając wszystkiego bezczasowo. To, co nazywamy poprzednimi żywotami, w tym sensie nie jest przeszłością, to zawsze bieżące doświadczenie tu i teraz. Jak we wnętrzu teczki biznesowej – kiedy patrzysz na nią z góry, przegródki otwierają się jak harmonijka. Wiesz, której przegródki zawartość jest starsza, ale tak naprawdę wszystkie otwierają się jednocześnie. Tak wyglądają wszystkie nasze doświadczenie z perspektywy wyższej jaźni – stanowią pozaczasową, mówiąc naszym językiem, równoczesną całość. Obrazem takiej struktury są fraktale.

Istota wielowymiarowa ma możliwość rozwoju. Jako człowiek mogę skupić uwagę na sobie jako istocie, która doświadcza różnych zjawisk, różnych rzeczywistości albo skoncentrować się tylko na jednym konkretnym doznaniu. Kiedy marzną mi ręce, mogę wyodrębnić doznanie zimna w małym palcu lewej dłoni. A potem osobno mogę zauważyć i skupić się na doświadczaniu stopy, która akurat klei się do podłoża. Praca duchowa polega na tym, żeby tę uwagę przenieść z ręki czy stopy do poziomu istoty, która tego doświadcza. Mogę jednak ograniczyć całość swoje świadomości, łącznie z tą duchową, do rzeczywistości lepienia się stopy, skupić się na odrębności przeżywanego właśnie doznania. Ta cząstka bezustannie jest częścią całości mnie, natomiast w ziemskiej rzeczywistości przeżywa jako cząstka. Często żyjemy w przeświadczeniu, że jesteśmy oddzieleni od reszty samego siebie. Ale to nie jest prawda, tylko złudne przekonanie. Ono jednak też mobilizuje nas do pracy i pozwala się rozwijać.

Inaczej mówiąc, gdyby wszyscy byli jasnowidzami, to nie nauczyliby się niczego innego, niż sprawdzanie tego, co zobaczyli w jasnowidzeniu. A chodzi o to, żebyśmy korzystając z warunków, w których jesteśmy, zbliżali się do prawdy i wreszcie ją osiągnęli. Prawdy bycia w jedności ze wszystkim, co istnieje, w nieoddzieleniu, oświeceniu, boskości. Rozwój to proces integrowania naszych świadomości, który zmierza do ich pełnej identyfikacji.

Warto szukać najwłaściwszych dla siebie sposobów umacniania jedności. Różnymi sposobami, na różnych poziomach i płaszczyznach. Chodzi o umacnianie w sobie doświadczenia adekwatności, które pozwala na połączenie cząstki, w której przebywam, z całością. Dla jednych bardzo płodna będzie w danym okresie życia medytacja, dla innych – modlitwa. Jeszcze innym najbliższa i najskuteczniejsza będzie kontemplacja słów Jezusa, jak: *Ja i Ojciec to jedno*, czy: *To ja jestem drogą*. Dla mnie bardzo owocne okazało się myślenie o sobie jako o istocie wielowymiarowej.

Mój duch (ja jako istota duchowa) postanowił przeżyć tutaj, na Ziemi, pewne doświadczenia – wykorzystać trójwymiarową rzeczywistość ziemską i przynależne jej struktury do tego, żeby się rozwijać.

Z poziomu wyższej jaźni kreujemy siebie. Ograniczeniami tej kreacji są struktury, prawa, według których funkcjonuje dana rzeczywistość. Na przykład prawo rezonowania – czyli, że to, co podobne, współgra ze sobą. Można by też powiedzieć, że skoro wyższa jaźń podjęła decyzję, żebyśmy odrodzili się właśnie tutaj, to cechy ziemskiej rzeczywistości nie są naszymi ograniczeniami, tylko okolicznościami dobranymi do naszych zadań.

Mając program kata i ofiary moja wyższa jaźń, korzystając z prawa rezonowania, może stworzyć na zewnątrz właśnie to, co mam w sobie. *Marysia ma tatę uzależnionego od alkoholu, agresywnego i kłótliwego. Jej mama zawsze mu ustępuje, „żeby dzieci miały w domu spokój". Dla Marysi ten model stał się normalnością, zakodowała go sobie. Jej wyższa jaźń stworzy sytuacje, które dadzą jej możliwość rozpoznania sytuacji jako błędnej, niezrównoważonej – Marysi partner życiowy uzależni się od alkoholu, co spiętrzy jej cierpienia do tego stopnia, że ona zapragnie zmiany i odrzuci powielany schemat. Wreszcie zada sobie właściwe pytania: Czy muszę postępować tak jak mama? Czy chcę tak cierpieć? Co mogę zrobić, by coś w życiu zmienić? W taki oto sposób wyższa jaźń wykorzystała prawo rezonowania, by poprzez doświadczenie życiowe Marysia dokonała zmiany.*

Przy współpracy z podświadomością wyższa jaźń może pokazać mi, w jakim żyję ograniczeniu, jaki to jest wzorzec, i pomóc mi znaleźć metodę pracy, która umożliwi świadome uwolnienie się do niego. Tylko po jego usunięciu mogę zaoferować sobie miłość i obfitość, które są sednem, bazą istoty wielowymiarowej. Po uwolnieniu się od programu, nie pozostaje po nim jakieś puste miejsce, które trzeba czymś zapełnić. Odnajdujemy naturalnie miłość, współodczuwanie, równowagę, jedność. Pod spodem jest diament – nie musimy go tworzyć, tylko oczyścić, on tam już istniał od zawsze. Nie trzeba też uczyć diamentu blasku, świeci z natury.

Naturą istoty wielowymiarowej jest właśnie miłość, jedność, równowaga i zaufanie do życia.

Jako człowiek funkcjonujemy w ziemskiej rzeczywistości na skutek planu sformułowanego przez naszą wyższą jaźń, która wykreowała sytuacje, w jakich się znajdujemy, zgodnie z prawami danej rzeczywistości. Rzeczywistość tę wybrałam po to, żeby się uczyć. Stworzyłam sobie taką oto sposobność rozwoju.

Prawom tej rzeczywistości podlega też oczywiście nasze ciało fizyczne. Ono jest naszym wehikułem. Dzięki ciału możemy funkcjonować w świecie trójwymiarowym. Pojazd jest niezbędny, bez niego nie bylibyśmy w stanie tu się pojawić, a zatem ciało jest bardzo cenne, bo umożliwia nam doświadczanie.

Jako istota wielowymiarowa musimy zrobić plan dla tej cząstki, która będzie się rozwijała (w celu rozwoju całości rzecz jasna). Żeby doświadczać i uczyć się, trzeba sobie przygotować mapę podróży, mapę doświadczeń, które będą miały wpływ na nasz rozwój. Porównajmy to do zjazdu slalomem ze stoku. Chorągiewek już ustawionych nie możemy przenosić w trakcie zjazdu. Ale od naszej wolnej woli zależy to, w jaki sposób zachowamy się wobec nich. Zależy od tego, na ile jesteśmy w danym momencie przygotowani, uświadomieni, rozwinięci. Możemy omijać je pod różnym kątem, możemy niektóre przeskoczyć albo pojechać prosto, rezygnując z omijania którejś z nich. Możemy również się rozpędzić i nie skręcać – przejechać przez chorągiewkę. Jest wiele możliwości. Na takiej mapie jasnowidz dostrzega zbliżające się możliwości.

Widzę, że pewna moja znajoma ma w swoich możliwościach – w linii życia – perspektywę związku. Ale nie mogę jej zagwarantować, że spotka jakiegoś mężczyznę i zbuduje z nim związek. Jeżeli ona wzmocni swoje programy ucieczki, to nawet jeśli go pozna, nie zwiążą się ze sobą. Ona nie ma wpływu na to, czy spotka tego człowieka czy nie, ale jej zachowanie może być różne w zależności od pracy na sobą. Jeśli porzuci mechanizm ucieczkowy, otworzy się, wtedy oboje zyskają szansę na tworzenie związku.

Ideałem jest reakcja zrównoważona, najbardziej pełna akceptacji siebie samego. Ale w wielu sytuacjach nie potrafimy tak zareagować z powodu uwikłania się we wzorce. Możemy więc nie znaleźć, nie dostrzec lub nie być w stanie skorzystać z szans. Co nie zmienia faktu, że główne wydarzenia w naszym życiu, ustalone przez nas z poziomu istoty duchowej, wystawią nas na określone doświadczenia po to, by wymusić uczenie się, słowem – rozwój.

W czasie podróży według mapy, którą sami sobie narysowaliśmy, musimy dogadywać się z napotkanymi po drodze istotami. Nie zamieszkujemy przypadkowo wybranych ciał, ale uzgadniamy zadania z innymi istotami duchowymi. Chodzi właśnie o **STWORZENIE SOBIE MOŻLIWOŚCI LEKCJI, KTÓRĄ CHCEMY PRZEROBIĆ**. Inna istota może mieć w danej sytuacji okazję do przeżycia niezbędnego dla niej doświadczenia, więc współdziała z nami w tej sprawie. Tak oto nasi rodzice tworzą ciało fizyczne, które zasiedlamy i integrujemy się z nim. Rodzina to ludzie, z którymi rezonuję. Więzami krwi nazywamy też więzy ducha, zobowiązania, okazje, zadania, które prowokują nas do uwalniania się od zakodowanych wzorców reakcji.

Twoja dojrzałość może osiągnąć poziom, z którego zrozumiesz swoich rodziców, pojmiesz, dlaczego tak się zachowują. Ale nie musisz im niczego przebaczać. Z poziomu duchowego zaplanowaliście, że przeżyjecie razem te właśnie sytuacje. Przebaczenie jest jest jednym ze skutków zrozumienia.

Formułując swoje zadania, określając mapę podróży, podejmujemy decyzje z poziomu duchowego, czyli wiemy więcej o sensie wybranych okoliczności i postawionych przeszkód. Z perspektywy ziemskiego życia niektóre mogą wydawać się nie do zniesienia. Ale wycofać się nie można, tej rezerwacji nie można anulować i wybrać sobie życie w Danii lub Kanadzie, zamiast w Sudanie czy Bangladeszu. To niemożliwe. Muszę wziąć na siebie odpowiedzialność za to, co mam. Nawet kiedy z ludzkiej perspektywy – nie podoba mi się to.

Weź odpowiedzialność za siebie i za swoje decyzje. Nie przenoś jej na innych.

Jako człowiek muszę wziąć odpowiedzialność za to, co potocznie nazywamy własnym losem. Nikt mnie w to życie nie wpakował, ono jest owocem moich wyborów. Wybrałam sobie to właśnie ciało, tych rodziców, ten kraj i epokę – i mam realizować przez siebie wykreowany plan. Nie zapominajmy, że sami chcieliśmy w tym uczestniczyć. Zaplanowaliśmy sobie, żeby doświadczać życia konkretnie tym pojazdem – by odbyć podróż według tej właśnie mapy po świecie rządzącym się takimi właśnie prawami.

POKORA

We wszystkich naukach duchowych mowa jest o wartości pokory i wiary. Jednak w istocie nie chodzi o pokorę wobec jakiegoś zewnętrznego autorytetu, świętego mędrca czy wielkiego badacza. Jezus uczył pokory wobec Boga, mówiąc, że Syn i Ojciec to jedno. Więc chodziło mu o pokorę – jako o uszanowanie swojego własnego aspektu duchowego. Na bazie pokory buduje się zaufanie, a z zaufania naturalnie rodzi się nadzieja. Nie potrzeba żadnej specjalnej techniki pracy, by poczuć wiarę, nadzieję i naturalnie zaufać życiu.

Istota, która dokonuje wyboru, żeby rozwinąć jakąś część siebie w rzeczywistości ziemskiej, musi być bardzo potężna, wysoko rozwinięta, skoro postanowiła tutaj się realizować. Bo życie w rzeczywistości trójwymiarowej jest wymagające. To naprawdę duże wyzwanie. W innych światach (nazywam je eterycznymi) jest dużo prościej. Tam wszyscy widzą swoje myśli, rozumieją swoje motywacje i nie trzeba się niczego domyślać. Nie ma też ograniczeń wynikających z posiadania fizycznego ciała. Na Ziemi jest znacznie trudniej. W środowiskach ezoterycznych niektórzy mówią, że ci, którzy rodzą się na Ziemi, to aniołowie. Jesteśmy aniołami w tym sensie, że wszyscy jesteśmy zaawansowanymi istotami wielowymiarowymi, które mają przed sobą zadanie odkrycia, rozpoznania, kim są. Rozpoznajemy swoją naturę, wracamy do tego, co mamy w sobie. Rzeczywistość służy nam do odkrywania w sobie świadomości istoty wielowymiarowej, którą faktycznie jesteśmy. Chodzi o to, żebyśmy dali samym sobie prawo do najwyższego dobra i obfitości.

Żeby zrealizować w pełni swoje życie tutaj, nasza ludzka świadomość cząstkowa musi zintegrować się ze swoją świadomością duchową. Żeby naprawdę się rozwinąć, w sensie urzeczywistnienia swojego całkowitego potencjału, musi wręcz się jej podporządkować. Tylko w ten sposób zbuduję silne przekonanie o tym, kim w rzeczywistości jestem, i w pokorze rozpoznam swoją wielkość, swoją moc.

Kiedy utożsamiam swoją ludzką świadomość ze swoją świadomością duchową, podporządkowuję ją tej duchowej i mam coraz silniejsze poczucie mocy. Umacniam bowiem w sobie przekonanie, kim w rzeczywistości jestem. Oczywiście jest to ściśle związane z pokorą, a nie pychą *ego*. To jest autentyczna, wynikająca z doświadczenia, wiedza o tym, kim jestem.

Prawa rzeczywistości, w której funkcjonujemy, warto potraktować jako sprzyjające okoliczności, które skłaniają nas do pracy nad pewną sferą działania, a nie jako ograniczenia, które nam coś uniemożliwiają. Kiedy ktoś kupuje fabrykę czekolady, zdaje sobie sprawę z faktu, że będzie dysponował urządzeniami do produkcji tabliczek, batoników, pralinek, sosów albo „mikołajów". Jeśli jednak do produkcji użyje niskogatunkowych składników, wyjdzie z tego kiepska czekolada. Nie może też oczekiwać, że w takiej fabryce uszyje garnitur. Być może, przy pewnych innowacjach technicznych, da się wyprodukować czekoladę w kształcie spodni, ale z pewnością nikt nie będzie mógł ich nosić.

Ziemia rządzi się określonymi prawami, do których musimy się dostosować. Można to potraktować jako wymuszony na nas obowiązek, ograniczające nas ramy albo… jako wielką paletę możliwości! Jeśli przyjmiesz w pełni, że fabryka czekolady jest fabryką czekolady, i dobrze zrozumiesz, jak ona funkcjonuje, możesz przeprowadzać doświadczenia, weryfikować produkcję na poszczególnych etapach, eksperymentować, rozwijać i wprowadzać zmiany, aby w efekcie produkować szeroki asortyment pyszności. Pewne rzeczy można przewidzieć, można je wykorzystać i doceniać.

To, co znajduje się na potencjalnej linii życia, jest do przewidzenia – to jest widoczne z poziomu jasnowidza. Można to odczytać. Nie można jednak zobaczyć rzeczy, które są związane z zakresem naszej wolnej woli. Jednym słowem możemy zobaczyć, wykorzystując dar jasnowidzenia, określone punkty, chorągiewki slalomu wcześniej wspomnianego, ale nie będzie wiadomo, jak pomiędzy nimi zachowa się narciarz, jak postąpi człowiek w określonej sytuacji. Chyba że ktoś całe życie przeżyje na zakodowanych wzorcach, na schematach – wtedy można powiedzieć, że to wszystko od początku było jasne. W takim przypadku wszystko jest na swój sposób oczywiste, bo wynika z **prawa przyczyny i skutku**, które na Ziemi obowiązuje bezwzględnie. Jednak jeśli ktoś podejmie świadomą decyzję, świadomie zmieni coś w swoim życiu, w swoich reakcjach, wtedy z tą chwilą stanie się wolny, a w perspektywie czytania linii życia – nieprzewidywalny.

Dlatego upieram się przy nazwie: istota wielowymiarowa. Jeżeli integrujemy naszą cząstkową ludzką świadomość z całością, wchodzimy w proces łączenia i zmieniamy swoją perspektywę. Bo świadomość cząstkowa widzi tylko pewien zakres rzeczywistości. *Mrówka chodząc po nodze słonia, uważa, że słoń wygląda jak noga. A mrówka, która chodzi po trąbie, wyobraża sobie, że ma on cechy trąby. Jednak gdyby mrówka umiała wznieść się ponad to i zobaczyć słonia jako całość, we wszystkich jego aspektach, to jej wyobrażenie będzie zupełnie inne. Z dystansu może naprawdę zobaczyć słonia – takiego, jakim jest.*

Podobnie jest z istotą wielowymiarową. Doświadczając życia z poziomu ludzkiej świadomości, rzadko zdobywamy się na dystans wobec siebie i życia. Zdarza nam się poszerzenie świadomości po pewnym czasie, wtedy zyskujemy perspektywę. Jednak najczęściej po upływie jakiegoś okresu wracamy do naszych starych programów, zakodowanych sposobów interpretacji i oglądamy siebie tylko i wyłącznie z poziomu świadomości cząstkowej, ludzkiej.

Praca nad sobą przez obserwowanie własnych reakcji powoduje skracanie procesu uczenia się. Poszerzając świadomość, nie musimy czekać, by zyskać dystans, jaki dopiero oferuje nam upływ czasu. Ten przeskok można uzyskać przez pracę nad sobą oraz – o czym mówią religie – przez wiarę. Chodzi o wiarę, że możliwe jest coś więcej, niż to, co znam i rozumiem. Jeśli masz wiarę, czyli otwierasz się na wszelkie możliwości, następuje natychmiastowe zetknięcie świadomości ludzkiej z duchową, co kompletnie zmienia perspektywę. Kiedy obie te świadomości integrują się, przestajesz działać na poziomie wzorców, bo one już cię nie ograniczają. Wiesz, że czas w tym sensie nie istnieje, i jesteś w stanie uczyć się już w trakcie doświadczania. Wtedy zyskujesz świadomość swojej wielkości. I nie chodzi o poczucie wielkości z poziomu *ego* wynikające z pychy, ale o wielkość duchową, o nieograniczoność duchowego zakresu, otwartości.

Rozpoznając strukturę rzeczywistości, nie wikłasz się więcej w konieczność przechodzenia przez kolejne doświadczenia i przeżywania ich skutków. Otwierasz się na wiedzę. We mnie na przykład, kiedy otworzyłam się na swoją świadomość duchową, pojawiło się poczucie jedności. Zaczęłam odbierać także informacje docierające do mnie nie przez zmysły, nie przez proces intelektualny, ale bezpośrednio z wyższej jaźni.

Zrozumienie zasad funkcjonowania w rzeczywistości ziemskiej przenosi się na konkretne zmiany.

Kiedy dostrzegam w sobie program poświęcenia się dla innych, **NIE MUSZĘ POWTARZAĆ KOLEJNYCH DOŚWIADCZEŃ**, na nim opartych, **BO JUŻ WIEM, JAKI JEST ICH SKUTEK**. Albo będę przyciągać ludzi, którzy będą mnie wykorzystywać, albo takich, którzy będą tak samo pomocni, albo ja będę ich wykorzystywać. Już wiem, że ten wzorzec proponuje jedynie takie opcje. Tylko na tej drodze można postępować zgodnie z tym wzorcem. Kiedy to sobie uświadomisz, nie musisz przeprowadzać wszystkich kolejnych, znanych już dobrze, doświadczeń. Wreszcie zaczynasz rozumieć, dlaczego niektórzy ludzie czepiają się ciebie. Wiesz już, jakie jest przełożenie rzeczywistości innych na twoją. Otwiera ci się cała potężna wiedza dotycząca różnych aspektów, których nie rozumiałeś wcześniej. Jest skutkiem połączenia świadomości. Kiedy doświadczasz tego, że: „ja i ojciec to jedno", to w pewnym sensie stajesz się ojcem. I nie musisz doświadczać pewnych rzeczy, chyba że chcesz zrobić to świadomie. Bo taka opcja również istnieje.

Są istoty wielowymiarowe, które przychodzą tu po to, żeby pomagać innym. One także rozwijają swoje doświadczenia, ponieważ rozwój nie ma końca. Zazwyczaj są to istoty, które dużo szybciej pojmują reguły życia. Wiodą, w porównaniu do innych, znacznie szczęśliwsze i bardziej zintegrowane życie. Zdarza się, że biorą na siebie dużo więcej trudniejszych doświadczeń, tak by doskonalić jakieś aspekty i uczyć się jeszcze więcej. Chcą tego, mając jednocześnie świadomość, jak to jest trudne.

Nawet jeśli tego nie dostrzegamy i, patrząc z perspektywy ludzkiej świadomości, formułujemy tylko zwykłe ludzkie cele, to i tak rozwijamy się lub jesteśmy do rozwoju zmuszani. Bo przecież, żeby być kochanym, szczęśliwym, konstruktywnym i czerpać z życia garściami, musisz się rozwijać. Nie ma innej drogi. Nie osiągnę szczęścia, jeśli się nie rozwinę. Nie będę się cieszył żadnym swoim sukcesem, jeśli się nie rozwinę. By coś zmienić, by działać konstruktywnie, muszę zrobić krok do przodu, czyli krótko mówiąc – rozwinąć się. Jeśli nie pójdę dalej, będę stał wciąż w tym samym miejscu i nie osiągnę żadnego zamierzonego celu. A zatem wszystko prowadzi nas do poszerzania własnej świadomości.

Jeżeli dobrze się przyjrzeć, to nic innego poza rozwojem nie ma sensu. Bo jaki cel miałabym sobie postawić? Chcę być szczęśliwa i umrzeć w wieku 91 lat? Taki cel, kiedy go nazwę, wydaje się kompletnie irracjonalny. To oczywiście nie znaczy, że mamy nie stawiać sobie celów. Są one bardzo ważne jako cele pośrednie. Chęć osiągnięcia szczęścia (cokolwiek przez szczęście rozumiemy), chęć bycia sprawnym, konstruktywnym, aktywnym, odnoszenia sukcesu, życia przyjemnego, unikania cierpienia – wszystko to motywuje nas do rozwoju. Jako istota duchowa w rozwoju właśnie upatrujemy sens naszej egzystencji.

Jeśli nie poszerzamy swojej świadomości, stoimy w miejscu, tkwimy wciąż w tym samym. ROZWÓJ JEST CELEM WSZYSTKIEGO, CO ISTNIEJE.

Jeśli nie ograniczymy siebie do bycia tylko i wyłącznie istotą ludzką, otworzymy sobie dostęp do korzystania z całej wiedzy, jaką posiadamy jako istota duchowa. Dzieje się tak nawet już wtedy, kiedy zaczynamy w ten sposób myśleć. Wtedy słuchamy głosu wewnętrznego. Bez tego otwarcia nie umielibyśmy nawet uchylić sobie w głowie furtki, że istnieje coś takiego, jak głos wewnętrzny. Odtąd mamy możliwość uczenia się nie tylko przez trudne doświadczenia, przez cierpienie, które wymusza na nas dopuszczenie do siebie głosu wewnętrznego, lecz także możemy uczyć się dzięki poszerzaniu naszej świadomości.

KREACJA

Nieświadome – które zwykliśmy nazywać losem –
będzie kierowało naszym życiem,
dopóki nie przemienimy go w świadome.
C.G. JUNG

Czy na poziomie podświadomości, czyli wewnętrznego dziecka, można coś kreować? Tak, ale tylko z jego poziomu. Dziecko ma w sobie całkowicie spontaniczną i nieokiełznaną kreatywność, taką, która nie liczy się z okolicznościami, uwarunkowaniami, taką, która nie umie rozróżniać i nie jest w stanie niczego poukładać. Dziecko może zbudować zamek z klocków i obwołać się królem, ale w rzeczywistości nie posiada żadnej władzy, a i sam zamek nie przedstawia większej wartości. Wszystko jest tylko grą wyobraźni.

Kreatywność rozumiana jako myślenie twórcze to przejaw wyższej jaźni, która zdecydowała, że chce wyrazić się właśnie w ten sposób. I nie chodzi tu wyłącznie o profesje artystyczne, a o tworzenie czegoś, co nie zaistniało wcześniej.

Kiedy nagrywam audycję radiową dotyczącą mojej pracy, nie wracam już do niej. Idę dalej, a ona żyje swoim życiem. Ktoś odsłuchuje ją w internecie i z tego, co kiedyś powiedziałam, a co zostało zarejestrowane, wyciąga dla siebie wnioski, czerpie z niej, znajduje inspirację. To funkcjonujące samodzielnie dzieło jest przejawem aspektu duchowego. Takie dzieła tylko częściowo powstają przy udziale intelektu i naszego ciała. To, co pochodzi z aspektu duchowego, jest sztuką, a to, co z poziomu intelektu – rzemiosłem. By malować obrazy czy pisać książki, potrzebujemy aktywności obu tych sfer. Z poziomu intelektu można sobie wymyślić, że zostanę słynnym muzykiem. Ale to nie musi się udać. Mamy na to ograniczony wpływ. To, co możemy zrobić, aby ten zamysł przekuć w czyn, to uczyć się gry na instrumentach, ćwiczyć pilnie, rozwijać swoje umiejętności wykonawcze, wiedzę o kompozycji, pójść na studia itd. Ale to wcale nie znaczy, że zostaniemy artystą. Twórczość jest pochodną istoty duchowej i jej sposobem przejawiania się poprzez istotę ludzką w trójwymiarowej rzeczywistości.

Na poziomie ludzkim można zostać organizatorem, fachowcem, specjalistą, rzemieślnikiem. Zaś z poziomu duchowego można się przejawić jako artysta. To jest aspekt (s)twórczy. Nie tylko twórczy, ale też stwórczy, w sensie powołania do życia czegoś, co wcześniej nie zaistniało. Malowanie, pisanie, taniec, śpiew, a nawet gotowanie czy wypiekanie pączków może być twórcze. Jasnowidz też może być tylko zawodowcem, albo jasnowidzem w akcie twórczym, w którym przejawia się istota duchowa.

W jasnowidzeniu czasami odpowiedzi pojawiają się tylko dlatego, że klienci motywują mnie do tego, by ich poszukać. Zadają takie pytania, których ja sama sobie nie zadałam.

Często jednak uważamy siebie za kreatorów własnego życia. Bezustanne skupianie się na tak rozumianej kreacji powoduje, że w zadufany sposób przypisujemy sobie sprawstwo i prawo do mistrzostwa. W rzeczywistości reagujemy z najniższego poziomu świadomości, automatycznie realizując zakodowane wcześniej programy. Kreacja jest tutaj tylko wypadkową, skutkiem ubocznym rozwoju rozumianego jako dochodzenie do najlepszej wersji siebie.

Dopóki nie osiągniemy tego poziomu, nasza wyższa jaźń będzie powtarzać tworzenie takich opcji rzeczywistości, w których możliwe jest doświadczanie tego, co rozwój spowoduje. Te doświadczenia zwykle powodują w nas, jako istocie ludzkiej, dyskomfort czy wręcz cierpienie. A to motywuje nas do zmiany.

Helena studiowała prawo, tak jak jej tata. Po maturze nie zastanawiała się nad wyborem studiów, postąpiła tak jak tata. W jej rodzinie było to jasne od początku – Hela skończy prawo. Na studiach nie szło jej dobrze, ledwo zdawała poprawkowe egzaminy. Aż popadła w stan depresyjny. Przestała chodzić na zajęcia, nie chciała kończyć studiów. Dopiero w tym momencie zaczęła się zastanawiać, czy dokonała wyboru zgodnego ze sobą. Zrezygnowała i przeniosła się na pedagogikę specjalną, bo właśnie to zawsze chciała robić.

Kiedy jednak zaczniemy reagować w sposób zrównoważony i pełny miłości (przede wszystkim wobec samego siebie), wyższa jaźń usunie z naszej linii życia trudne doświadczenia, bo daną lekcję już przerobiliśmy, już ją umiemy. Wtedy dopiero zaczyna się poziom kreacji. Natomiast myśląc, że kreujemy swoje życie z poziomu ludzkiego, i że owa kreacja jest naszym celem, pozostajemy na poziomie *ego*. Talenty i umiejętności, jak jasnowidzenie, nie są celem samym w sobie, są skutkiem naszego rozwoju, ciągłego podążania drogą do odnalezienia się w najpełniejszej i najlepszej wersji siebie. Można by więc wysunąć wniosek, że z poziomu ludzkiego nie mamy wpływu na rzeczywistość. Jednak kiedy zmieniamy swój sposób reagowania na rzeczywistość, nasza wyższa jaźń zmieni tę rzeczywistość automatycznie, ponieważ dany scenariusz nie będzie nam już potrzebny, bo rozpoznaliśmy i zrealizowaliśmy siebie w najczystszej postaci.

(Najzabawniejszy jest fakt, że gdy dochodzimy do pełnej integracji naszej ludzkiej świadomości ze świadomością naszego ducha, to przestajemy mieć ochotę na kreację. Tak jak wielcy oświeceni, którzy osiągnęli ten stan i pozostali w nim. Poczuli równowagę ze wszystkim, co jest, i nie zajmują się kreacją. W każdym razie nie na planie materii).

Prawdziwy kontakt z naszą podświadomością to danie przestrzeni w całym naszym jestestwie na nasze potrzeby, na nasze uczucia. To nie jest kwestia intelektu, tylko przyzwolenie na otwarcie przestrzeni w świadomości dla tej części jaźni.

Natomiast kontakt z wyższą jaźnią to danie sobie w swojej świadomości przestrzeni na aspekty ducha, które się przez nas przejawiają. Zaczynając od głębszej intuicji, przez nasze pierwotne głębokie przekonania, aż po naturalne przyjęcie faktu, że doświadczam nieintelektualnej, nierozumowej wewnętrznej mądrości, która ze mnie wypływa. To także otwarcie się na informacje z zewnątrz, ze znaków, z przestrzeni innych osób. **Aspekt duchowy daje nam informację poprzez rzeczywistość, bo ją tworzy**. Kiedy pojawia się pytanie, otwieram się, by otrzymać odpowiedź, i ona się pojawi. Nie zastanawiam się, nie klasyfikuję, nie wymyślam, jak to ma się stać. Wyższa jaźń znajduje własny, optymalny sposób, żebym to zrozumiała.

CZĘŚĆ DRUGA

ISTOTA WIELOWYMIAROWA, A STRUKTURA RZECZYWISTOŚCI I RZĄDZĄCE NIĄ PRAWA

Kiedy sytuacja wewnętrzna nie jest uświadomiona, a wymaga zmiany, wydarza się na zewnątrz, jako los. To jest zasada. Jeśli nie uświadamiamy sobie własnych wewnętrznych sprzeczności, wtedy świat z konieczności musi za nas ten konflikt odegrać, rozdzierając się na dwie przeciwne sobie połówki.

C.G. JUNG

Pewien człowiek podczas warsztatu poprosił mnie o pomoc. Nie mógł sobie poradzić z tym, że zabił człowieka. – *Jechałem samochodem przez las, ciemnym duktem, i nagle wyjechał rowerzysta z taką prędkością, że nic nie mogłem zrobić. Uderzył o mój samochód, a potem w drzewo. Wysiadłem, podbiegłem. Na moich oczach stracił przytomność i umarł. Zabiłem człowieka. Mam sprawę w sądzie, ale to najmniej ważne. Jak mogę żyć z tym, co zrobiłem?*

Rozpłakał się. Spojrzałam w jasnowidzeniu i zwróciłam się do niego po imieniu. Powiedziałam – *Czy dajesz sobie takie prawo, jak Bóg, żeby decydować o momencie czyjejś śmierci? Aż tak bardzo jesteś niepokorny wobec tego zdarzenia, żeby przypisywać sobie, że ty je spowodowałeś, że jesteś jego twórcą? Ta istota duchowa sama o tym zdecydowała, a ty byłeś tylko narzędziem. Zapewne umówiliście się, że obaj weźmiecie udział w tej sytuacji.*

Dla mnie to było niesamowite przeżycie. Mam łzy w oczach, kiedy o tym piszę. Popatrzmy, jak zmienia się sposób przeżywania rzeczywistości. Z poziomu pokory uświadamiamy sobie, że każdy z nas, jako istota, bierze odpowiedzialność za to, co się dzieje, ale na poziomie ludzkim możemy być odpowiedzialni tylko za to, na co jako ludzie mamy wpływ. Ten człowiek nie miał żadnego wpływu na życie, zachowanie i w konsekwencji śmierć rowerzysty.

Oceniamy bandytów, morderców jako złych, a może się okazać, że byli nam niezbędni do przeżycia doświadczeń pozwalających nam czegoś się nauczyć. Jakkolwiek strasznie to brzmi.

Jezus podchodził do tego w taki właśnie sposób, przyjmując swoją mękę i śmierć, przebaczając katom, bo – na poziomie duchowym – umówił się z nimi na to okrutne ukrzyżowanie. Wiedział, że po to przyszedł na świat.

Zastanówmy się, na bazie jakich instynktów działali ludzie, że Hitler mógł na tak ogromną skalę zabijać i eksterminować innych? Jakie instynkty musiały być już gotowe w ludziach? Gdyby ich nie było, żaden Hitler nie byłby w stanie zaistnieć ze swoim pomysłem na totalitarną władzę i eksterminację narodów. On obnażył ówczesną świadomość ludzkości. Czy dzisiejsza jest inna?

Z poziomu mojego procesu duchowego nie oceniam Hitlera, tylko zadaję pytanie – co on pokazał? Dla mnie jasnym jest, że ukazał okrucieństwo ludzi zbyt łatwo ulegającym najgorszym instynktom, ludzi, którzy potrafią zabijać w imię tego, aby czuć się lepszymi. Żeby mieć więcej pieniędzy i władzy. Można spojrzeć na to inaczej, że zadaniem Hitlera było ujawnienie tego faktu, spowodowanie, żebyśmy wszyscy wyraźnie zobaczyli ciemną stronę ludzkości, mieli możliwość skonfrontowania się z tym i przemiany.

Bardzo często w czasie sesji ludzie okazują, jak bardzo są dla innych pomocni, ale ich motywacja nie ma nic wspólnego ze współczuciem i altruizmem. Pomagają innym, ponieważ są w tym silnie zakodowani – w ten sposób budują swoją wartość. *Zauważyłam to i u siebie. Żyłam przez dwa lata ze swoim synem za 600 złotych miesięcznie. Wtedy miałam wielu przyjaciół, którzy chętnie mi pomagali. Ale kiedy się podniosłam, zaczęłam sobie radzić lepiej, wszyscy natychmiast przestali się mną interesować. Zadałam sobie proste pytanie – jaka była ich motywacja? Dlaczego właśnie teraz ich nie ma, dlaczego nie cieszą się ze mną? Dzięki pomaganiu mi budowali obraz swojej przydatności, „udowadniali", że zasługują na miłość.*

Nie dzieje się to z poziomu duchowego ośrodka serca, tylko z poziomu podświadomości, zakodowanych wzorców typu: „Muszę być dobry, miły, dzielić się w przedszkolu zabawkami z innymi dziećmi, bo tylko wtedy mam prawo nazywać się dobrym człowiekiem. Będąc dobrym człowiekiem, jestem szanowany przez społeczeństwo. A kiedy jestem szanowany, wtedy awansuję, utrzymuję się w grupie, nie jestem osobny, wykluczony i zasługuję na dalszą akceptację".

Wciąż i wciąż kierujemy się nawykowymi motywacjami. Dlatego bezustannie walczymy i rywalizujemy niczym szczury. Nie tylko w biznesie, także w relacjach międzyludzkich, partnerskich. Mało jest takich związków, w których ludzie są dla siebie po prostu dobrzy, wspierają się, są dla siebie nawzajem, a jednocześnie każdy szanuje samego siebie. Od II wojny światowej minęło tyle lat. Może czas na zmianę, na rozwój wyższych emocji, pochodzących ze zrealizowanej miłości do siebie, a w konsekwencji do innych.

Wiele programów ocen działa tak, że oceniamy siebie negatywnie w kontekście programu, a nie w kontekście tego, kim jesteśmy naprawdę.

Pracowałam na sesji z kobietą, która według swojej etyki zrobiła coś złego swojemu przyjacielowi. Po jakimś czasie zadzwoniła do mnie wieczorem, płakała: *Nie mogę się z tym pogodzić. Myślałam, że jestem dobrym człowiekiem, a jednak stać mnie było na coś takiego*. W czym ją to doświadczenie zweryfikowało? Że nie jest taka, jak myślała, że jest.

Zazwyczaj reagujemy z poziomu naszych wzorców, kodów, a nie z poziomu miłości – do siebie i innych.

Łatwo się zorientować, jaka jest moja prawidłowa reakcja, reakcja z poziomu równowagi jest jedyną, z którą czuję się dobrze. Oczywiście mam na myśli dobre samopoczucie na głębszym poziomie, na poziomie serca, wynikające z bycia w zgodzie ze sobą. Natomiast z każdą reakcją wywołaną przez wzorzec czuję się źle – TO właśnie dyskomfort jest wskaźnikiem działania programu.

Co ciekawe, w ludzkiej perspektywie tylko taka reakcja się opłaca, bo poprzez nią wszyscy uczestnicy sytuacji są uszanowani. Działanie z poziomu równowagi jest korzystne, daje poczucie szczęścia. Rozwój wręcz się opłaca – rozwijając się, osiągamy także wszystkie pośrednie cele, na których nam zależy. A jeśli ich nie osiągamy, to rozumiemy, że nie one były ważne. Możesz być szczęśliwy, kreatywny, mieć wokół siebie fajnych ludzi, czuć, że „zasługujesz" na miłość.

Ale musimy odwrócić kolejność – najpierw trzeba podjąć się rozwoju, a resztę dostaniemy potem. Najpierw musimy nauczyć się prawdziwej pokory. Fałszywa pokora nie ma nic wspólnego z pokorą wobec wielkości siebie na poziomie duchowym. I nie zmienia nas, nie uwalnia. Z poziomu odpowiedzialności za siebie samego i szacunku do drugiego człowieka wszystko staje się akceptowalne. Nie da się tego zrozumieć, zanim się tego nie zintegruje w sobie. Na poziomie ludzkim zawsze mam podejmować właściwe działanie. Zrozumienie, że ktoś zdecydował się przyjąć taką akurat inkarnację, nie zmienia faktu, że jest to jego, a nie moja, odpowiedzialność. **MOJĄ ODPOWIEDZIALNOŚCIĄ, A TAKŻE KAŻDEGO CZŁOWIEKA, JEST ZACHOWYWAĆ SIĘ NAJLEPIEJ, JAK POTRAFIĘ. Jeśli mam tę świadomość i kocham siebie, to będę kochać innych i zawsze udzielę im pomocy. Ale szanując ich wolę. Jeśli odmówią pomocy, nie zrobię tego na siłę.** Pomaganie z poziomu duchowego odbywa się z szacunku do istot. Jest to coś zupełnie innego, niż pomaganie z poziomu programu: *Oni są tacy biedni, a ja jestem lepsza, więc muszę im pomóc*. Takie podejście jedynie buduje nasze *ego*.

Zacznij traktować siebie nie jako wylęknionego człowieczka, który ciągle zmaga się z problemami i słabościami, żeby doraźnie dać sobie radę, ale jako kompletną, całkowitą istotę duchową, która ma absolutny dostęp do wszystkiego tu i teraz.

Musisz tylko odpowiedzieć sobie na pytanie, czy tego naprawdę chcesz, i pracować nad sobą, żeby to odkryć.

Praca nad sobą to obserwacja doświadczania życia, obserwacja naszych emocji, reakcji, nawyków, a także naszej rodziny i innych bliskich. Nawet jeśli tracisz pamięć, to w podświadomości nie istnieje czas, więc powielasz wszystko wedle tego, jak jesteś zaprogramowany. Do tej wiedzy w sobie samym zawsze masz dostęp. Tu nie chodzi o jasnowidzenie ani o poziom wykształcenia czy jakiegokolwiek treningu intelektualnego – w tym przypadku nie mają one większego znaczenia. Możliwość rozwoju duchowego jest dostępna nam wszystkim. Niezależnie od światopoglądu czy wyznania – jest to całkowicie pozareligijne. Każdy może się rozwijać, bo każdy z nas jest istotą duchową.

Namawiam do tego, żeby potraktować życie jako wspaniałą podróż, której skutkiem jest rozwój i ciągłe odkrywanie prawdy o sobie. To nie może się znudzić. Zawsze jest fascynujące. Kiedy pojawia się trudniejsza sytuacja, zarazem przydarza się nowa sposobność do nauczenia się czegoś, zobaczenia czegoś. To uruchamia w nas ciekawość życia.

W wyniku rozwoju duchowego dochodzimy w świecie ludzkim do punktu, w którym pokazujemy najwyższy, najlepszy aspekt nas samych. Osiągnięcie poziomu świadomej istoty duchowej przejawionej na Ziemi to reagowanie w sposób zrównoważony, innymi słowy – połączenie z boską mądrością, świadomością wyższej jaźni. Celem jest właśnie życie jako w pełni zrealizowana istota duchowa w ludzkim ciele.

Żyjąc w ludzkim ciele możemy zobaczyć, jak w ziemskiej rzeczywistości, poprzez rzeczywistość tego świata, realizuje się wielowymiarowość naszej duchowej istoty.

Sensem życia jest odkrycie najlepszej wersji siebie samego. Umożliwia to praca nad sobą zmierzająca do poszerzania świadomości. Dzięki niej widzimy więcej i nasze reakcje na wydarzenia zmieniają się. Rozpoznajemy i usuwamy wzorce ograniczające nasze widzenie, czyli blokujące możliwość rozwoju. Po usunięciu szkodliwych wzorców nasze reakcje stają się harmonijne i zrównoważone, co powoduje omijanie naszych nawykowych schematów *ego*. Chodzi o możliwość ciągłego korygowania własnych reakcji na to, czego doświadczamy – celem jest osiągnięcie równowagi. Do głosu dochodzi wtedy poziom serca, ośrodek serca, który jest centrum naszej wielowymiarowości, współodczuwanie, odpowiedzialność za własne akty myślowe, reakcje i czyny.

Istota duchowa odradza się w ciele ludzkim pochodzącym od określonych rodziców, w określonej kulturze, danych warunkach społecznych i materialnych. Tę rzeczywistość wybraliśmy sobie z poziomu istoty duchowej jako pole doświadczeń.

Wyższa jaźń ma określony plan. Nadrzędnym celem jest rozwój, ale są też pomniejsze, konkretne zadania. Na przykład ktoś chce się uwolnić z ograniczeń rodziny, złamać wzorzec, który więzi daną rodzinę od wielu pokoleń – to mogą być np. programy uległości, agresji, alkoholizmu. Niektórzy przychodzą na Ziemię, żeby coś odkryć czy tworzyć sztukę, naukę, terapię... Te wszystkie cele oczywiście służą rozwojowi. Istota duchowa precyzyjnie układa punkty na mapie życia, czy inaczej mówiąc, linii życia. Te punkty to różne doświadczenia, różne elementy życia ludzkiego – a wszystkie służą rozwojowi.

O tej książce zaczęłam myśleć dwa lata temu. Najpierw uważałam, że sama ją napiszę. Dobra znajoma dała mi kontakty do trzech kobiet, które mogłyby mi pomóc napisać i pomóc w publikacji książki, jednak żadna z nich nie była zainteresowana tym projektem. Wtedy zobaczyłam, że pojawi się mężczyzna, który mi w tym pomoże. Zadzwoniłam. Wydawca się zainteresował, czyli odpowiedział własną reakcją i książka powstała. Te reakcje są związane z wolną wolą, mieszczą się między tymi stałymi punktami na mapie. Zależą od nas, ale są też uwarunkowane naszą gotowością, naszą świadomością, umiejętnością zauważenia i zainteresowania się taką akurat, a nie inną sprawą w danym momencie naszego życia. Nie miałam wpływu na to, że znalazłam akurat tego wydawcę – to należało do planu. Mogliśmy tylko na to zareagować, na ten projekt.

Wyższa jaźń konkretnie i szczegółowo buduje tę mapę punktów, które stają się dla niej gwarancją, że określone zadanie na płaszczyźnie świadomości i aktywności ludzkiej będzie mogło być zrealizowane – w zależności od okoliczności – w sposób możliwie najbardziej zrównoważony.

Z poziomu świadomości ludzkiej nie mamy wpływu na scenariusz naszej istoty duchowej, więc miejmy wobec niego pokorę. Bo nie ma sensu porywać się z motyką na słońce. Warto budować zaufanie do tego planu, do tych idealnie dobranych sytuacji, które pojawiają się w naszym życiu. Nie ma sensu ocenianie: „Gdybym miała innych rodziców, byłabym inna". Ale mam akurat właśnie tych rodziców i jestem taka, a nie inna. Pomocnym będzie zbudowanie przekonania, że nasze doświadczenia są dokładnie tymi, które w danym momencie mają do nas przyjść; w takiej, a nie innej postaci, sytuacji, z udziałem takich, a nie innych ludzi. Słowem, to idealna wersja naszego rozwoju. Takie przekonanie buduje dalej **ZAUFANIE DO ŻYCIA**. A tylko ufając, przestajemy boksować się z życiem, nie płyniemy uparcie po prąd, ale naprawdę podążamy naszą drogą, która jest dla nas na tym etapie rozwoju najwłaściwsza. Budujemy zaufanie, które wynika z tego, że opiekuje się nami nasza wyższa jaźń także na poziomie ludzkim. **To bardzo istotne, żeby przeżywając życie, czuć się dobrze**.

Tworzymy religie, opiekuńcze anioły, angażujemy się w związki, a nawet dajemy się oszukiwać, właśnie dlatego, że przez cały czas usilnie szukamy wsparcia. Lecz zamiast opierać się na innych, możemy spróbować opierać się na sobie. Wyższa jaźń może się nam do tego przydać. Budujmy przekonanie o tym, że plan naszego życia ma głęboki sens. Wyższa jaźń, która sformułowała dla siebie to zadanie, chce je zrealizować. Żeby to zrobić, wybiera okoliczności, określoną strukturę rzeczywistości, w której będzie to mogło nastąpić. Na przykład wybiera sobie trójwymiarową Ziemię. Decydując się przyjść na Ziemię, musi przyjąć ciało fizyczne i prawa ziemskiej rzeczywistości. Przyjrzyjmy się teraz tym prawom.

PRAWO DUALNOŚCI

Dualność to zasada, za pomocą której rzeczywistość na Ziemi jest rozpoznawana. Chodzi o dualność w tym sensie, że aby pojąć stan sytości, muszę wiedzieć, czym jest stan głodu, żeby wiedzieć, co jest złe, muszę sobie uświadomić, co jest dobre, żeby coś nazwać wysokim, muszę zauważyć, że coś innego jest od tego wyraźnie niższe. W ten sposób porządkujemy rzeczywistość. Nikt nie wymyślił prawa dualności, jest ono cechą rzeczywistości ziemskiej, którą musimy brać pod uwagę. Zatem doświadczenia, które tutaj są przeprowadzane, muszą być oparte na prawie dualności. Nie tylko muszą je uwzględniać, ale także mogą z niego korzystać. Uczymy się poprzez przeciwstawienie, poprzez odwrotności, przez kontrast i zaprzeczenie.

Żeby nauczyć się prawidłowych relacji w partnerstwie, przechodzimy obie strony programu kata i ofiary. Przeżywamy najpierw jedną rolę, a potem drugą. Dawcy i biorcy. Przechodzimy z reakcji osoby agresywnej do reakcji osoby wycofującej się. Cała nasza paleta doświadczeń opiera się na dualności – przeciwstawnych stronach wzorców, które mamy zakodowane.

Szukamy równowagi przez odniesienie do skrajności, do drugiej strony medalu. **Prawidłowa reakcja jest środkiem między przeciwstawnymi postawami**. A zatem sytuacje, jakie buduje dla nas w tej rzeczywistości nasza wyższa świadomość, są skrajne. Doświadczamy przeciwstawnych ról, sprzecznych zadań, konfliktów. Rzadko miewamy zrównoważone doświadczenia. Zazwyczaj przeżywamy sytuacje, które wymuszają na nas określenie się po jednej ze stron, rozpoznajemy je poprzez postawy sprzeczne, skrajnie przeciwstawne. Taka jest cecha doświadczania w ziemskiej rzeczywistości. Dlatego my, jako ludzie, reagując z poziomu świadomości *ego*, mamy silną skłonność do oceniania, do zajmowania stanowiska, do bycia za lub przeciw, do kategoryczności, do fetyszyzowania dobitności (jak to nazywa amerykański socjolog Richard Sennett), do stronniczości zamiast dialogu. *Franek miał bardzo spokojną żonę, cichą, skupioną na dbaniu o niego i dom, ale niespecjalnie ambitną, jeśli chodzi o wykształcenie i pracę. Złościł się, że żona nie ma ambicji, nie idzie z duchem czasu. Wreszcie odszedł od niej, rozwiedli się. Minął rok i poznał Różę, dyrektorkę w dużej firmie, kobietę sukcesu, ambitną, rywalizującą, władczą. Zafascynowała go. Zdecydowali się na związek. Początek był niesamowity – cały czas działo się coś nowego, iskrzyło między nimi, nie nudził się. Ale po jakimś czasie poczuł, że ta relacja go męczy. Róża wiecznie czegoś od niego wymagała. Dopiero wtedy pomyślał, że te doświadczenia prowadzą go do pytania o równowagę. Zaczął się zastanawiać nad sobą, nad tym, jakie są jego prawdziwe oczekiwania i potrzeby.*

PRAWO REZONOWANIA

Każda rzecz rezonuje z inną, jeśli są do siebie podobne. I nie chodzi o podobieństwo jak w lustrzanym odbiciu. Chodzi o podobieństwo całości, a nie szczegółów czy perspektywy. We wzorcu rezonowanie odbywa się zarówno przez podobieństwo ról – kat rezonuje z katem, ofiara z ofiarą, jak i przez ich komplementarność (uzupełnianie się) – kat z ofiarą. Można powiedzieć, że rezonowanie to przyciąganie i uruchamianie.

Znam małżeństwo, w którym ona sprawuje władzę: rządzi, decyduje, zarabia, czyli jest katem symbolicznie. On jest alkoholikiem i kiedy pije, staje się dla niej katem. Ich wzorce cały czas silnie ze sobą rezonują – role odwracają się, ale mechanizm pozostaje ten sam. *Grześ miał bardzo silną, przekonaną o swoich racjach mamę. Tata doceniał ją, ustępował jej na każdym kroku, chyba realizował się w swojej pracy, ale nigdy o tym w domu nie mówił. Grześ zauważył, że w jego życiu wciąż pojawiają się tylko dwa typy kobiet. Jedne są odważne, silne, ale uparte, drugie zaś słabe, wycofujące się, opierające się na nim. Zmusiło to Grzesia do myślenia. Zrozumiał, że powiela nawykowe postawy rodziców i kobiety pokazują mu nieprawidłowości tych postaw, czyli dają mu możliwość weryfikacji siebie przez doświadczenie.*

PRAWO PRZYCZYNY I SKUTKU

W rzeczywistości mocno zagęszczonej, jaką jest materia, przyczyny wywołują skutki w sposób nieunikniony. Nawet jeśli tego nie zauważamy lub nie rozumiemy. Skutki przynosi zarówno działanie na poziomie ciała i mowy, jak i samo myślenie. Każda reakcja emocjonalna jest skutkiem określonych programów w nas i oczywiście sama z kolei powoduje skutki w rzeczywistości zewnętrznej.

Boli cię kolano. Myślisz, że przyczyną jest to, że spałeś w niewygodnej pozycji. A prawdziwą przyczyną jest zaburzona relacja z matką, kiedy miałeś 5 lat. Często przyczyna jest od skutku tak bardzo odległa w czasie, że trudno ją rozpoznać. Louise Hay zwraca uwagę, że bóle i choroby są często informacjami z podświadomości o tym, że jest coś, co powinno zostać uporządkowane.

Prawa dualności, rezonowania oraz przyczyny i skutku muszą być wzięte pod uwagę przez każdą istotę, która chce się odrodzić w ludzkim świecie. Nie da się w tej sferze przekroczyć żadnego z nich. Po prostu niemożliwe jest uszycie garnituru w fabryce czekolady. Taka jest struktura ziemskiej rzeczywistości. Nie znaczy to jednak, że jesteśmy niewolnikami. Posiadamy wolną wolę i nie musimy reagować na zdarzenia zgodnie z zakodowanymi wzorcami ani wbrew nim. Poznaję Jana, ale czy zostanę jego żoną, kochanką czy przyjaciółką, to już zależy ode mnie. Oczywiście nasze wzorce mają wpływ na nasze decyzje, jednak fakt, że posiadamy wolną wolę, umożliwia nam zauważenie tego wpływu i uwolnienie się od niego.

MECHANIZM DOŚWIADCZENIA

Jako istota duchowa postanawiamy przeżyć pewne doświadczenia, przerobić określone lekcje, poszerzyć coś w sobie. Jeśli dotyczy to kwestii, których można nauczyć się na Ziemi, w ziemskich uwarunkowaniach, to znajdujemy istoty, które będąc już w ciałach ziemskich, zbudują nowe ciało, które stanie się naszym ciałem, czyli nas spłodzą, urodzą nas jako swoje dziecko.

To ciało zostanie zaprogramowane do części zwanej podświadomością różnymi wzorcami. Wzorce będą bazą, naszą wiedzą służącą nam do przetrwania w ziemskiej rzeczywistości. Na bazie tych wzorców rodzicom udało się przetrwać, więc dziecko podświadomie koduje je jako oprogramowanie, „owzorcowanie".

Basia ma agresywnego tatę, ale on zawsze radzi sobie w życiu i osiąga każdy cel. Stąd Basia, zawsze kiedy będzie chciała poczuć się bezpiecznie, zrealizować to, co zamierzyła, stanie się agresywna. W jej świecie nie ma miejsca na osiąganie celu spokojem czy wytrwałością.

Mama Piotra zawsze ustępowała swojemu mężowi, gdy wracał z pracy zły. Dzięki temu tata nie wkurzał się i w domu panował względny spokój. Wiele lat później, kiedy żona robi Piotrowi awantury, on automatycznie jej ustępuje, bo wierzy, że w ten sposób chroni dzieci. Nigdy nie przeciwstawia się żonie, więc nie wie, czy okazując swoją stanowczość byłby w stanie uzyskać zamierzony cel – spokój w domu.

Nasze życiowe doświadczenia pojawiają się po to, byśmy mogli rozpoznać, co jest naszą wewnętrzną prawdą, a co wzorcem. Te doświadczenia zostały przygotowane przez nasz wyższy aspekt zgodnie z prawem rezonowania. Dlatego wokół nas powstaje rzeczywistość będąca wypadkową zakodowanych wcześniej wzorców. Bo wzorzec rezonuje, czyli przyciąga i uruchamia określone sytuacje i relacje, po to, żebyśmy mogli przeżyć akurat takie doświadczenia, które mogą pozwolić nam dalej się rozwinąć.

To „sprytne" działanie naszej wyższej jaźni powoduje realizację określonego zadania. Wyższa jaźń celowo wybrała nam rodziców, którzy niosą w sobie określone wzorce, są w określony sposób oprogramowani. Podświadomość dziecka zostanie wyposażona w takie właśnie oprogramowanie rodziców. Zgodnie z prawem rezonowania będziemy przeżywać doświadczenia, które będą na nas wymuszać rozwój.

Oto przykład: Pewna istota duchowa postawiła sobie za cel, że przyjdzie na Ziemię, by nauczyć się niezależności. Wybrała więc sobie takich rodziców, którzy mają określone nawykowe zachowania i reakcje emocjonalne pasujące do realizacji jej celu. Mama nie znosi sprzeciwu, tata jest zamknięty, uparty, wręcz gburowaty. Dziecko urodzone w tej rodzinie nie będzie miało możliwości, by choć przez chwilę czuć się wolne, nieograniczone. Jego potrzeby, opinie, upodobania nie będą uszanowane. Na poziomie podświadomości zostaną w tym dziecku automatycznie zakodowane wzorce postaw jego rodziców, czyli programy agresji, dominacji, uporu, izolacji – syndrom kata i ofiary. Wyższa jaźń tej istoty zbudowała z tych programów rzeczywistość, zgodnie z prawem rezonowania. Dzięki temu dziecko – którym ta istota stała się – będzie przeżywać trudne doświadczenia tak długo, aż z dyskomfortu zakiełkuje chęć zmiany. Będzie spotykać na swojej drodze upartych, silnych, ograniczających innych ludzi. Z racji prawa dualności pojawią się też ludzie mu podobni, z którymi nawiąże bliższy kontakt, ale oni nie będą wystarczajaco silni, by mu pomóc, będą go tylko wspierać w cierpieniu poprzez zrozumienie. Istnieje szansa, że sytuacje ograniczenia staną się tak bardzo uciążliwe, że ten człowiek wreszcie zacznie szukać rozwiązań, wzmacniać się, rozpoznawać swoją moc, aż zrównoważy się w sobie, czyli – zrealizuje przygotowane przez swoją wyższą jaźń wyzwanie. Uwierzy w swoje siły i uniezależni się.

Każdy program wywołuje w nas ograniczenie postrzegania rzeczywistości zewnętrznej i nas samych. Na jego bazie budowane jest dla nas doświadczenie, które powoduje dyskomfort. Dzięki poczuciu dyskomfortu mamy szanse rozpoznać, że działamy nieprawidłowo, i zmienić się. Doświadczenia prowokują nas do dalszego poszerzania świadomości, do zmiany swoich reakcji i poglądów. Dotyczy to także relacji z ludźmi, z którymi mamy kontakt i z którymi dzielimy doświadczenia. Czasem sytuacje życiowe są tak skomplikowane, że ktoś czyni komuś coś, co z poziomu naszej ludzkiej moralności wygląda jedynie jak zadawanie bólu. Tymczasem z upływem lat może się okazać, że właśnie ta sytuacja, choć była trudna i bolesna, spowodowała nasze zrozumienie siebie i umożliwiła poszerzenie, pogłębienie naszej świadomości. Z poziomu ludzkiej świadomości widzimy tylko wycinek naszego życia, więc tak naprawdę trudno nam przewidzieć, co przyniesie jakie owoce, i jak wpłyną one na dalszy bieg naszego życia.

Jako istota duchowa tworzymy określone sytuacje stanowiące szereg doświadczeń, przez które będziemy musieli przejść. Inne istoty duchowe uczestniczą razem z nami w kreowaniu okoliczności, w których to się wydarzy. Jednak sami jesteśmy w stanie przemienić każdą sytuację, także taką, którą zdecydowaliśmy się przeżyć, na którą na poziomie duchowym „umówiliśmy się” z innymi. Przemiana jest możliwa poprzez zrozumienie, uświadomienie sobie faktu, że nasza reakcja zależy od nas. Będąc istotą wielowymiarową, mamy władzę zmieniania swoich reakcji, by nie podążać za scenariuszem dyktowanym nam przez zakodowany program.

Zdecydowałem, że wobec mojej córki odegram rolę molestującego, ale zanim to zrobię, mogę sam poszerzyć swoją świadomość na tyle, że odmówię, nie wyrażę na to zgody: Rozumiem, że chcesz to przeżyć, ale ja dla siebie samego zrozumiałem, że nie chcę tego zrobić. Bo to jest szkodliwe, nieetyczne i wzmaga cierpienie. Biorę odpowiedzialność za swoje czyny, podnoszę poziom świadomości – chcę uszanować i pokochać drugą istotę taką, jaka jest, i nie decyduję się doświadczyć z nią nadużycia. Zawsze mamy wyjście. Jak to opisywał Albert Camus – możliwy jest bunt serca. Mogę odmówić zagrania przygotowanej dla mnie roli, nawet jeśli to część mnie ją dla mnie zaplanowała. Na tym polega wyjątkowość ludzkiego istnienia.

TO, JAK ZAREAGUJĘ, ZALEŻY OD MOJEJ PRACY NAD SOBĄ, OD PRACY, JAKĄ WYKONAM, BĘDĄC CZŁOWIEKIEM. Nawet Hitler – jeśli uznamy, że przyszedł tu po to, żeby najdobitniej pokazać okrucieństwo ludzkości – mógł poszerzyć swoją świadomość i powiedzieć: „Nie zrobię tego światu, bo dla mojego własnego rozwoju, będę kochał ludzi takimi, jacy są, nawet razem z ich morderczymi instynktami”.

Jezus przyszedł przedstawić nam inną opcję i każdy z nas zawsze ma do dyspozycji opcję Jezusa. Podobnie Budda przyszedł powiedzieć, że w każdej sekundzie naszego życia możemy osiągnąć oświecenie, uwolnić się od wzorców i świadomie reagować z poziomu współczucia. A zatem **NIE JESTEM BIEDNĄ ISTOTKĄ**, która przychodzi tutaj, licząc tylko na miłość matki i ojca. Nie muszę przechodzić wszystkich trudnych doświadczeń. Mogę naprawdę wziąć odpowiedzialność za to, co robię. Nie muszę zrealizować wszystkich programów, jakie przejęłam od rodziców. Mogę uświadomić sobie, że z poziomu wyższej świadomości wybrałam sobie takich oto rodziców, zostałam oprogramowana, ale dzięki wolnej woli zawsze mam możność zmiany i reagowania z poziomu równowagi.

Kiedy zmarł mój partner, miałam trzydzieści parę lat. Trzymałam go za rękę, kiedy umierał. I przestałam bać się śmierci. Przeszłam z nim pewien proces. Mogło być inaczej, bo przecież mogłam bać się śmierci jeszcze bardziej i przez wiele lat zmagać z depresją. Mogłam zmarnować sobie życie, cierpiąc, i stracić wszelką chęć życia. Jednak żyję dalej. ***Moja reakcja jest zależna ode mnie, jest moim wyborem.***

Cenne jest uświadomienie sobie, że życie jest zmienne, że wszystko się zmienia, więc i wszystko mogę stracić. Ale rozwój jest czymś, czego mogę doświadczać zawsze, niezmiennie. Moja reakcja zawsze może być lepsza niż poprzednia, w większej harmonii ze mną.

Takie decyzje podejmujemy na całe życie. Stają się sensem i zasadą naszego życia. Jeśli zdecydowaliśmy, że się rozwijamy, to podlegają temu wszystkie nasze poszczególne życiowe decyzje.

Poprzez doświadczenia możemy przerobić cały trudny materiał. Jakkolwiek jest trudny. Nasza wyższa jaźń tworzy sytuacje do przepracowania, ale nie musimy ich wszystkich przechodzić. Jej celem jest to, żebyśmy się przebudzili i rozwijali, poszerzali swoją świadomość. Jednak najczęściej przebudzamy się dzięki dyskomfortowi. Co nie znaczy, że cały nasz materiał musimy „odcierpieć", że musimy przerobić go poprzez cierpienie. Rozpoznanie sytuacji opartej na naszym programie może nastąpić nawet przy poczuciu jakiegoś drobnego dyskomfortu. Jeżeli zauważymy, że w danej sytuacji, zewnętrznej czy wewnętrznej, pojawił się dyskomfort, to znaczy, że uruchamia się w nas program, który tę sytuację wywołał. Jeśli mamy już na tyle rozwiniętą świadomość, żeby to spostrzec i zrozumieć, możemy zmieniać wzorce. Możemy nauczyć się zauważać niewielki dyskomfort i przyglądać się swoim reakcjom albo możemy czekać na głębokie cierpienie, które nami wstrząśnie, i dopiero wtedy uprzytomnimy sobie niewolę wzorca, w którym tkwimy.

Niestety wielkie przełomy, czyli zmiany zasadnicze, znaczące w naszym życiu, najczęściej są związane z cierpieniem. Nie znam człowieka, który dokonał istotnej przemiany w pracy nad sobą, nie cierpiąc.

Coraz więcej ludzi uświadamia sobie, że jedyna droga do szczęścia to odkodowanie, uwalnianie się od wzorców w celu uruchomienia całego swojego potencjału.

W metodzie, którą proponuję, otwarcie się na wyższą jaźń daje sporo szans na zmianę. Kiedy biorę odpowiedzialność za to, że to ja – z poziomu wyższego – wykreowałam dla siebie takie oto życie, wtedy uświadamiam sobie, w jakim sensie mam na nie wpływ. Pod określonymi warunkami mam wpływ na swoje życie także z poziomu ludzkiego. Osoba uzależniona nie może sobie tak po prostu powiedzieć: „Od jutra przechodzę z uzależnienia w kontrolowanie picie towarzyskie". Nie da się tego zrobić z poziomu egoświadomości, która jest mało pokorna. Aby dokonać zmiany i uczestniczyć w procesie kreacji naszej wyższej jaźni, musimy zrobić to intencjonalnie – przez podjęcie się systematycznej pracy nad sobą.

LEKCJE WYŻSZEJ JAŹNI

Celem wyższej jaźni jest doprowadzenie do tego, żebyśmy osiągnęli najwyższą formę samego siebie, pełną miłość. Zasadniczą podstawą jest uznanie, że możliwe jest rozpoznanie prawdy, danie sobie prawa do prawdy. Wyższa jaźń prowadzi tę cząstkę, która istnieje na poziomie materialnym, do rozwoju świadomości, rozpoznania prawdy o tym, kim jest, w celu zjednoczenia tej cząstki ze światem na poziomie duchowym. Po rozpoznaniu siebie przestajemy się szarpać. Co nie znaczy, że już nigdy nie doświadczymy żadnego cierpienia. Oczywiście w życiu każdego człowieka zdarzają się także bardzo trudne sytuacje – w tym przypadku jednak nie pozostajemy wobec nich bezradni, nie czujemy się ich ofiarami i świadomie możemy decydować, w jaki sposób będziemy w nich uczestniczyć.

Wyższa jaźń stawia nas w sytuacjach, w których ujawnia się wzorzec. Kiedy zrozumiesz wzorzec, na bazie którego przychodzi do ciebie cierpienie, zaczynasz szukać sposobu, by zmienić zakodowanie, które jest źródłem tego wzorca. Technik pracy nad sobą jest mnóstwo. Moja metoda nie jest jedyna. Z tym samym mierzą się polinezyjskie praktyki typu Ho'oponopono, dwupunkt, EFT, kody uzdrawiania, przekraczanie poziomów świadomości i wzorce myślowe amerykańskiego psychiatry Davida R. Howkinsa, a także techniki podświadomości i ustawienia hellingerowskie.

Chcę mieć partnera. Ale go nie mam. Mogę się zadręczać z powodu braku, którego doświadczam. Ale mogę zaobserwować, jakie mam w sobie wzorce, które bojkotują pojawienie się partnera. I przyjrzeć się swoim przekonaniom na temat związków.

Lubię robić wszystko sama. Więc podskórnie się boję, że jeśli będę miała partnera, to na nim skupię całą uwagę i zaniedbam to, co mam do zrobienia. A postawiłam sobie pewien cel i czuję mocno w swoim wnętrzu, że chcę go zrealizować, że jest to dla mnie ważne, że mam to właśnie teraz robić. Więc jeśli mam przekonanie, że mój ewentualny partner mi w tym przeszkodzi, to bojkotuję jego pojawienie się.

Wiem i ufam sobie samej, że wszystko w moim życiu pojawia się wtedy, kiedy ma się pojawić. We właściwym czasie, z właściwymi ludźmi. Nie zastanawiam się nad tym, jak i po co to kreować – bo ja wyrażam na to zgodę. I przestaję myśleć o wymarzonym partnerze, tylko przyjmuję to, co jest. W różnych momentach pojawiają się ludzie, którzy pomagają lub utrudniają mi realizację mojego celu, więc uwagę skupiam na tym, i doceniam, że pojawiły się takie okoliczności i takie relacje.

Cały czas bierzemy udział w zaplanowanych przez wyższą jaźń doświadczeniach, które mają otwierać naszą świadomość i zmuszać nas do skonfrontowania się ze swoimi negatywnymi, ciemnymi stronami, czyli działaniem według wzorców. Poprzez doświadczenia odkrywamy prawdę o sobie. Rzadko przez takie doświadczenia dowiadujemy się o sobie czegoś zachwycającego. Zwykle przeciwnie.

Najistotniejsze jest więc zrozumienie struktury rzeczywistości, w której żyjemy. Czas służy nam po to, żebyśmy mogli przeżyć dane doświadczenie, ale i po upływie tego czasu, żebyśmy mogli się poprzez to doświadczenie zweryfikować i skonfrontować ze swoimi przekonaniami.

PAMIĘĆ

Duch ludzki bezustannie napiera całością pamięci
na tę bramę, którą ciało ma przed nim otworzyć.
Bo ciało jest narządem wyboru czynności.

HENRI BERGSON

Zazwyczaj nie pamiętamy tego, kim faktycznie jesteśmy. Dopiero w procesie rozwoju, poprzez doświadczenia ziemskie, dochodzimy do punktu, w którym rozpoznajemy, kim jesteśmy, czyli dochodzimy do samych siebie. Nazywam to drogą do poziomu istoty wielowymiarowej, procesem dochodzenia do tego, kim jestem, i co jest moja prawdą. Kiedy uruchamiamy w sobie drogę do prawdy, do naszych wewnętrznych potrzeb, drogę do miłości, równowagi, szacunku do siebie i innych istnień, wtedy zauważamy wzorce, według których żyliśmy, i możemy zacząć nad nimi pracować.

ALA: *Wiele lat tkwiłam w przekonaniu, że muszę być miła, grzeczna, dobra i nikomu niczego nie odmawiać, żeby zasłużyć na miłość. Nigdy nie odmawiałam niczego mojej córce, bo gdzieś tam w środku bałam się, że przestanie mnie kochać, kiedy powiem: „Nie", kiedy zrobię coś wbrew jej chęciom. Teraz rozumiem, że byłam uwięziona w takim zakodowaniu. Teraz, kiedy ktoś sprawia mi przykrość, mówię o tym. Nauczyłam się już nawet wyrażać negatywne emocje. Moja córka była bardzo zdziwiona, kiedy kategorycznie odmówiłam jej wyjścia na całonocną imprezę z koleżankami. A następnego dnia powiedziała mi, że była na mnie zła, ale nigdy wcześniej nie czuła się tak bezpiecznie. Poczuła, że ją chronię, bo bardzo mi na niej zależy.*

Dzięki pracy nad sobą i usuwaniu wzorców rozpoznaję, co leży w mojej naturze jako istoty wielowymiarowej, a co jest iluzją wynikającą z zaprogramowania. Weryfikujmy, pracujmy, taka jest też energia Ziemi, która stwarza nam wiele możliwości. A Ziemia jako planeta także się rozwija, podnosząc swoje wibracje – można to sprawdzić na skali Schumana. Podniesienie wibracji wpływa na człowieka, jego układ nerwowy, stwarza korzystniejsze warunki do większego wykorzystywania mózgu.

Czasami okazuje się, że myślę o sobie co innego, niż faktycznie wynika z mojego postępowania. I szokuje mnie, co jestem w stanie zrobić. Ważne jest uświadamianie sobie i rozpoznawanie także naszej ciemnej strony. Kluczem do tej kwestii jest zadanie sobie pytania, co faktycznie jest złe, a co tylko tak nauczyliśmy się traktować.

Przyglądając się kłótni między ludźmi, można zauważyć, że zazwyczaj są to awantury z poziomu ich podświadomości. Tam nie ma równowagi ani zrozumienia, a tylko automatyczne reakcje podświadomości.

Odradzamy się na różnych planetach, w różnych rasach. Istnieją różne rzeczywistości, uwarunkowania, różne gęstości i poziomy istnienia. To nas pogłębia i poszerza. Czasami posiadamy jakąś wiedzę, choć nie wiemy skąd. Znamy miejsce czy sytuacje, choć nigdy w nich nie byliśmy.

Nauczycielka zapytała w klasie, czy ktoś był w Biskupinie. Wstałam i opowiedziałam dokładnie o wszystkim, co tam jest, łącznie z tym, co leży na której półce w muzeum i jak była ubrana pani przewodniczka, bo przecież wszyscy razem pojechaliśmy tam na wycieczkę Koledzy spojrzeli na mnie zdziwieni – nigdy tam nie byliśmy. Próbowałam przypomnieć koleżance, że przecież pamiętam, jak kopnęła kamień, a przewodniczka powiedziała, że miejsce, gdzie upadł, to było kiedyś palenisko. Ale ona naprawdę tam nie była. Może moje doświadczenia pochodziły z jakiegoś świata równoległego? I z jakiegoś powodu uruchomiłam je, uzyskałam do nich dostęp. Po wielu latach, kiedy miałam dzieci w wieku szkolnym, pojechałam z nimi do Biskupina. I faktycznie, jest tam dokładnie tak, jak zapamiętałam z wycieczki szkolnej, na której byłam z całą klasą... Tyle że nikt z klasy o tym nie wie.

Każdy z nas robi różne doświadczenia na różnych płaszczyznach. Nie wiem, jakie to będzie miało znaczenie w życiu, ponieważ jestem praktykiem i skupiam się dokładnie na tym, co można wykorzystać w rozwoju. Poznaję strukturę, badam, jak działa, świadomie w niej uczestniczę. Ale niczego nie mogę kreować na poziomie *ego*, bo ono umie stwarzać tylko i wyłącznie na podstawie tego, co subiektywnie widzę i jak rozumiem siebie z poziomu *ego*. *Mogę sobie wyobrażać mój przyszły dom pod Warszawą, a może moja wyższa jaźń prowadzi mnie do pracy w Australii, więc po co mi dom pod Warszawą?* Daję sobie prawo do uczestniczenia w kreacji, ale z pełną wiedzą o tym, jak to się dzieje. Pełną wiedzą wielowymiarową, a nie tylko tym, co ogarnia moja egoświadomość.

W naszej rzeczywistości obowiązuje prawo wolnej woli. Istoty wyżej rozwinięte nie mogą tutaj ingerować, podpowiadać nam. Chyba że są w najwyższym stopniu do tego przygotowane i stają się drogą dla ludzkości, jak Jezus, Budda. Oni przeszli świadomy proces w ludzkim ciele i podzielili się tym doświadczeniem z innymi.

CZĘŚĆ TRZECIA

PRACA NAD SOBĄ

W pracy nad sobą najprostsze techniki są najskuteczniejsze. Nie musimy wymyślać nic skomplikowanego ani wyszukiwać i zapożyczać od innych. Każdy człowiek posiada wyobraźnię, ciało, emocje i zdolność nazywania. Możemy wykorzystać to, co posiadamy, co jest nasza własnością, w taki sposób, jaki będzie dla nas najbardziej korzystny. Oczywiście ważne są nasze intencje. Musimy wiedzieć, jaki cel chcemy osiągnąć. Jeśli jest to poprawienie umiejętności skupiania uwagi, koncentracji, najłatwiej to osiągnąć, wykorzystując oddech w medytacji.

Przybieram wygodną pozycję, zamykam oczy, rozluźniam się w ciele i liczę oddechy, np. od 1 do 11. Powtarzam liczenie od 1 do 11, by umysł nauczył się koncentrować na jednym zadaniu w pełni i nie uciekał nigdzie myślami. Liczenie jest odniesieniem, powtarzając liczenie łatwiej nam zauważyć, że umysł odpływa, że tracimy uważność. Do takiej prostej medytacji możemy dodawać kolejne elementy, np. liczyć głośno, albo też wziąć do ręki jakieś koraliki na sznurku i wraz z oddechem przesuwać je między palcami. W medytacji zajmujemy umysł, ciało i mowę. Oczywiście nie spodziewajmy się rezultatów po jednym dniu. Każda praktyka pracy nad sobą wymaga czasu i konsekwencji.

Innym sposobem jest taki rodzaj medytacji, kiedy po przybraniu wygodnej pozycji, wyciszeniu się, skupieniu się na oddechu, wyobrażamy sobie ulubione czy wymarzone, miejsce, do którego przenosimy się w wyobraźni. Jeśli mamy jakiś problem w relacji z rodzicem, mężem, żoną czy kimkolwiek innym, to możemy go w umyśle do tego miejsca zaprosić i przeprowadzić z nim w medytacji rozmowę.

Przyjmuję wygodną pozycję, na przykład siadam na krześle czy kanapie, zamykam oczy i skupiam się na oddechu. Liczę każdy wdech i wydech aż do 11. Kiedy czuję, że osiągnęłam skupienie, wyobrażam sobie miejsce nad jeziorem o poranku. Skupiam się na konkretnych szczegółach. Zapraszam na brzeg jeziora osobę, z którą mam problem, z którą nie mogę się dogadać. Siadamy razem w miękkiej trawie. Mówię, co mnie gnębi, opowiadam o tym, co mnie uraziło, spokojnie wyjaśniam to, czego nie umiem lub nie mam okazji zrobić na jawie. Słucham też uważnie tego, co mówi do mnie ta osoba. Nie kłócimy się, nie wyrzucamy sobie pretensji. Rozmawiamy. Oczywiście sytuacja dzieje się w wyobraźni, ale ma istotny wpływ na naszą podświadomość i w niej porządkuje ten temat. Wyjątkowość tej techniki polega na tym, że nie musimy faktycznie spotykać się z tą osobą. Czasem prawdziwa rozmowa z różnych powodów jest niemożliwa, a w wyobraźni nie ma żadnych ograniczeń.

W celu usuwania dolegliwości fizycznych możemy skorzystać z wiedzy Choa Kok Sui, który opracował wiele metod pracy z energią kolorów. Możemy w wyobraźni udać się w jakieś przyjemne dla nas miejsce i tam skupić się na swoim ciele.

Najbardziej rozpowszechnionym sposobem jest wizualizowanie przed nami jakiegoś obrazu czy symbolu i skupianie na nim uwagi. Możemy dodawać różne elementy wspomagające medytację, np. muzykę, kadzidła, świece, kamienie. Czasem łatwiej medytować z otwartymi oczami, gdy skupiamy uwagę na czymś istniejącym fizycznie przed nami, np. na krysztale czy mandali.

Wszelkie techniki oparte na wyobraźni, dotyczące ciała i pola mentalnego, wpływają na nasze emocje. Pamiętajmy zawsze o sile wyobraźni, więc także w tej sferze bądźmy ostrożni i odpowiedzialni. Jeśli tkwimy w jakiejś traumie lub próbujemy dotrzeć do traumy z przeszłości, to podejmujmy takie działania tylko z udziałem fachowca – kogoś zaufanego, a przede wszystkim doświadczonego, wykwalifikowanego i przygotowanego do tego rodzaju pracy, sami możemy sobie nie poradzić z otwieraniem głębokich ran.

Nie traktujmy technik medytacyjnych i wizualizacyjnych jako magicznych sposobów, które są w stanie zastąpić terapię, psychologię i psychiatrię. Zawsze jednak mogą się okazać dla nas istotnym wsparciem.

WZORCE

Wzorce podświadomości realizują się na wielu płaszczyznach – moralnej, religijnej, społecznej, ekonomicznej. Oto kilka przykładów programów:

- Jestem winny i nikt mi nigdy nie wybaczy, więc muszę się poddać i zrezygnować. Przegrywam i będę przegrywać, bo świat jest zły.
- Jezus wszystko za nas zrobił, to on się postarał o moje zbawienie. Więc wystarczy czasami pójść do księdza, który ściągnie ze mnie brzemię odpowiedzialności.
- Każdy uczeń w szkole ma prawo do najwyższej oceny. Każdy powinien zarabiać tyle samo. Tylko to jest sprawiedliwe.
- Kiedy jednemu jest lepiej, to drugiemu jest gorzej. Kiedy ktoś się bogaci, to inni na tym tracą. Sukces więc można odnieść tylko kosztem czyjejś krzywdy.

Każdy z tych wzorców jest głęboko fałszywy i może nam poważnie szkodzić, blokuje bowiem przede wszystkim możliwość poszerzania świadomości.

Wzorcem (programem, mechanizmem) nazywam reakcję nawykową, emocjonalną bądź emocjonalno-nawykową, która pojawia się we mnie w odpowiedzi na określoną sytuację zewnętrzną. Chodzi o takie reakcje, które nie wynikają z naszego przemyślenia, świadomości ludzkiej ani aspektu istoty duchowej, a pojawiają się automatycznie do poziomu podświadomości. Wzorce zostały zakodowane w dzieciństwie jako reakcja przejęta od kogoś, kto był wtedy dla nas autorytetem – głównie od rodziców, lecz także od babć, wujków, sióstr czy sąsiadów. Przejmujemy też wzorce ze świadomości zbiorowej (ich sens przejawia się np. w przysłowiach: *Bez pracy nie ma kołaczy*; *Kto rano wstaje, temu pan Bóg daje*; *Pokorne ciele dwie matki ssie*). Bywa także, że niesiemy niektóre programy z poprzednich żywotów. W szerszej perspektywie wzorzec jest elementem procesu rozwojowego każdego człowieka.

Dziecko wychowane w domu, w którym rodzice często się kłócili, przejmuje mechanizmy konfliktu, walki, wycofywania się i kompromisów. Będą się one realizować w jego dalszym życiu w sposób szczególnie przykry, jeśli jedno z rodziców zwykle w pewnym momencie zaczynało się wycofywać, a drugie jeszcze długo naciskało. Agresja i ustępliwość, jako zasada w relacji między rodzicami, powoduje, że dziecko w dorosłym życiu jest więźniem wzorca kata/ofiary.

Wielu pracoholików miało dzieciństwo zbliżone do następującego schematu: jedno z rodziców całymi dniami ciężko pracowało zawodowo, a po powrocie do domu dużo o sprawach zawodowych opowiadało, drugie zaś – po godzinach pracy cichutko sobie rysowało lub rozwiązywało ulubione krzyżówki, co w domu oceniane było jako brak ambicji. Tak powstało przekonanie, że tylko intensywna praca zawodowa potwierdza naszą wartość jako człowieka.

Wzorce bycia drugą kobietą, wzorce manipulacji i kłamstwa w wielu przypadkach pochodzą z sytuacji rodzinnych, w których tata miewał liczne kochanki, a mama to tolerowała. W dziecku podświadomość ukształtowała mechanizm ustępowania innym.

Dzieci matek, które dzieliły się wszystkim, lubiły obdarowywać i pomagać, nawet swoim kosztem, przejmują od nich schemat poświęcania się. Uważają, że pomaganie innym jest obowiązkiem, bo bez takich zachowań będą złymi ludźmi. W relacjach z ludźmi mają skłonność do wchodzenia w schemat ról dawca/biorca.

Rodzice przepracowani i dający sobie prawo do odpoczynku tylko podczas choroby kształtują często w swoich dzieciach wzorce ucieczki w chorobę.

Kiedy reagujemy, pozostając bez kontaktu z naszą wewnętrzną równowagą, miłością, szacunkiem do siebie, to znaczy, że zadziałał program, że zareagowaliśmy automatycznie według zakodowanego wzorca. Możemy go rozpoznać także bez tej świadomości. Poznajemy go po uczuciu dyskomfortu psychicznego. Jeśli źle się czujemy z taką reakcją sami dla siebie, to znaczy, że zadziałał program.

Niektórzy czują dyskomfort, kiedy otrzymują podarunek albo kiedy chcą zrobić coś dobrego dla siebie, bo niosą wzorzec, że na to nie zasługują.

Jeśli na przykład uważam, że jest dużo ludzi zazdrosnych, czepiających się mnie, i źle się z tym czuję, to jest to właśnie ten rodzaj dyskomfortu. To znaczy, że dana sytuacja wydarza się według mechanizmu wytworzonego przez moją wyższą jaźń. Jeśli pewne zachowania innych bardzo nas złoszczą, to właśnie znaczy, że nasza wyższa świadomość stawia nas w sytuacji, na którą tak mocno reagujemy. Źródło zatem tkwi w nas, nie na zewnątrz. A powtarzalność podobnych sytuacji pozwala nam zrozumieć i poczuć, z jakim problemem należy sobie poradzić. Pamiętajmy, że ludzie, którzy uczestniczą ze mną w danej sytuacji, realizują własny wzorzec, może podobny albo, jak w lustrze, odwrotny do mojego. Ich reakcje mogą okazać się ważną lekcją dla mnie, ale także moje reakcje dla nich.

Romka wychowywała mama, babcia i siostra mamy. Nauczył się, że wszystkie decyzje podejmuje się wspólnie. Romek ożenił się z Jolą. Kiedy była ona dzieckiem, jej ojciec zdradzał matkę. Dla Joli każda kobieta jest zagrożeniem. Romek w wielu sytuacjach życiowych dzwoni do mamy, cioci, a nawet do kuzynek po poradę – Jola traktuje to jako zagrożenie, jako działanie przeciwko niej, jako formę psychicznej zdrady. Zarzuca Romkowi, że jest niesamodzielny. W tej relacji Roman ma nauczyć się samodzielności, odpowiedzialności za własne decyzje, a Jola ma zbudować większe poczucie wartości, by nie czuć się ciągle odrzucona.

Oczywiście nie wszystkie sytuacje, w których znajdziemy się w życiu, są bezpośrednią kreacją naszej wyższej jaźni unaoczniającej nam zakodowane programy. Ten mechanizm dotyczy także grup, wspólnot, społeczeństw, które zgodziły się na jakąś formę władzy, religię, system wartości. Doświadczenia narodu to także proces. Uczestniczymy więc w nim zgodnie z prawem rezonowania, co znaczy, że jeśli mierzymy się z zaprogramowaniem grupy, wspólnoty, do której należymy, to sedno programu w jakimś sensie dotyczy także każdego z nas z osobna.

Również wobec wzorców zbiorowych skupiajmy się na ich zaobserwowaniu i rozpoznaniu w samym sobie, a nie w innych. NIE MA SYTUACJI, KTÓRA ODNIESIONA DO TWOJEGO WNĘTRZA, CIEBIE NIE UCZY. Nasze zadanie polega zatem na nieustannej PRACY Z SAMYM SOBĄ. Warunkiem udziału w przemianie innej osoby jest świadoma zgoda obu stron. Jeśli tak nie jest, nie mamy szans na dokonanie jakiejkolwiek zmiany. Nie traćmy energii na usilne zmienianie innych, bo mamy na nich niewielki wpływ, poza jednym rodzajem oddziaływania, jaki stanowi przemiana nas samych. TYLKO ZMIENIAJĄC SIEBIE, WPŁYWAMY NA INNYCH. Tak jak mówi buddyjskie przysłowie: *Jeśli uczeń jest gotowy, znajdzie się nauczyciel*. Więc jeśli ktoś gotowy nie jest, to nawet obecność stu nauczycieli nie spowoduje, że zrobi choć jeden krok do przodu.

Kiedy obserwujemy siebie, jesteśmy w stanie zobaczyć, która z naszych reakcji nie jest oparta na wewnętrznej równowadze, nie wypływa z miłości.

Daję sobie prawo świadomego uczestniczenia w procesie organizowanym przez wyższą jaźń.

NA BAZIE KAŻDEGO WZORCA TWORZĄ SIĘ NASZE PRZEKONANIA. ŚWIAT JAWI NAM SIĘ TAKI, JAK POSTRZEGAMY GO PRZEZ NASZE WZORCE. PRZEŻYWAMY SYTUACJE I RELACJE Z LUDŹMI W SPOSÓB OKREŚLONY PRZEZ NASZE ZAKODOWANIA.

Jeśli nasza matka była nadopiekuńcza, to będziemy przekonani, że trzeba korzystać z kobiet i nimi manipulować albo przed nimi uciekać, żeby nas nie ograniczały.

Jeśli nam wdrukowano, że jesteśmy marni, że potrzebujemy pośrednika, który weźmie za nas odpowiedzialność, że nie jesteśmy w stanie poszerzyć sobie naszego myślenia o życiu wychodzącym poza zakodowanie, to cały światopogląd zbudujemy na potrzebie wsparcia, pokorze wobec autorytetów, które mają wziąć na siebie nasze problemy. Musimy cierpieć, żeby pójść dalej, przejść Golgotę, żeby połączyć się Bogiem. Per aspera ad astra – Droga do gwiazd, wiedzie przez trudności.

Wszystkie wzorce, które niesiemy w sobie, odzwierciedlają się w naszym życiu. Nasza wyższa jaźń, wykorzystując struktury, które wybrała sobie na pobyt na Ziemi, kreuje dokładnie to, co wynika z zakodowanych przez podświadomość wzorców. Ten proces w sposób naturalny wymusza rozwój naszej świadomości poprzez określone doświadczenia. Jednak nasza ludzka świadomość nie ma bezpośredniego połączenia z wyższą jaźnią. One ze sobą nie współpracują, nie mają kontaktu. Gdyby tak było, cała wiedza naszej nadświadomości byłaby swobodnie dostępna z poziomu *ego*. Żeby poszerzyć i połączyć aspekty naszej świadomości, uczymy się, pracujemy nad sobą – to jest właśnie główna sprężyna naszego wielowymiarowego rozwoju.

Przyspieszenie procesu rozwojowego jest możliwe dzięki myśleniu, które jest żywiołem świadomości ludzkiej. Bardzo pomocne w rozwoju jest wyciąganie wniosków z obserwacji doświadczeń, ale też rozpoznawanie i pojmowanie struktury rzeczywistości.

Z poziomu ludzkiej świadomości możemy kontaktować się z wyższą jaźnią tylko przez podświadomość. Jednak rozwijając naszą wiedzę na poziomie świadomości, uwidaczniamy ją dla podświadomości, więc kiedy ona ją absorbuje, przyspieszamy nasz rozwój. Pracuję nad tym na warsztatach dzięki metodom, które opracowałam. W ten sposób możemy skracać sobie drogę, niejako ułatwiać ją. Moje techniki mają charakter całkowicie pozareligijny, opierają się na obserwowaniu i poznawaniu siebie. Są dostępne dla każdego człowieka, który żyje na Ziemi. Nie wymagają przyjęcia postawy wyznawcy ani wtajemniczonego. Warto tu podkreślić, że także wiele religijnych metod ułatwia ten proces. Mam na myśli medytacje, modlitwy, czy pielgrzymki – jeśli praktykujemy je z zaufaniem i uważnie obserwujemy, czego podczas takiej praktyki doświadczamy; stanowią one cenny zbiór technik wielowymiarowego rozwoju. Zasadniczą sprawą jest jednak fakt, jakim sposobem myślenia się kierujemy, co robimy, dysponując wiedzą, którą zdobywamy, poszerzamy. Możemy poznać mnóstwo technik, ale jeśli popadniemy w dogmatyzm i nie będziemy próbować obserwować siebie podczas praktyki, nie będziemy otwierać i poszerzać swojej świadomości, to nawet najznakomitsze metody nie przyspieszą naszego rozwoju.

Kiedy już rozpoznamy w sobie wzorzec, uświadomimy sobie, czym jest, skąd pochodzi, i trafnie go określimy, to nie znaczy, że będziemy w stanie go usunąć ot tak. Nie wystarczy też sama wiedza o poszczególnych technikach. Praca nad sobą to nie czytanie odpowiednich książek, KONIECZNA JEST PRAKTYKA z udziałem ludzi, którzy w danej metodzie są zaawansowani.

W czasie moich warsztatów w sposób praktyczny uczymy się rozpoznawać tkwiące w nas wzorce, poszerzając świadomość poprzez konkretne rozwijanie zrozumienia struktury rzeczywistości. Opracowane przeze mnie metody wytrenowałam wcześniej na sobie i dopiero widząc ich skuteczność, zaczęłam się nimi dzielić z innymi. Wiele rzeczy zaczerpnęłam z wcześniejszych doświadczeń. Najbardziej inspirujący pozostaje dla mnie dorobek Chögyama Trungpy, Berta Hellingera, Ho'oponopono i oczywiście Carla Gustava Junga. Z filozofii Trungpy nauczyłam się uważać na *ego*, na jego rzekomo cudowne obietnice, na manipulacje, do których ludzka świadomość jest skłonna. Taka postawa wzmożonej ostrożności wymaga nieustannego sprawdzania, co naprawdę pochodzi z poziomu duchowego, a co tylko łechce *ego*, stwarzając pozory rozwoju. Dlatego wielką wartość ma uczciwa obserwacja samego siebie. Także kiedy patrzę na innych ludzi, przyglądam się uważnie ich zachowaniu, bo to ono, a nie ich słowa, świadczy o poziomie ich świadomości i rozwoju.

TRUDNOŚCI Z ROZPOZNAWANIEM WZORCÓW W PRACY Z NIMI

Pierwszy krok do zrzucenia niewoli,
to odważyć się być wolnym.
TADEUSZ KOŚCIUSZKO (miał on na myśli kwestie społeczne, ale jako zasada dotyczy to również rozwoju jednostki)

Dla podświadomości najważniejsze są: przetrwanie, poczucie bezpieczeństwa, akceptacja, miłość. Podświadomość zrobi naprawdę wszystko, żeby zapewnić te cztery filary.

Jedna z klientek powiedziała mi kiedyś przez telefon: *Mój ojciec był agresywny. Ale zakodowało się we mnie przekonanie, że dawał mi poczucie bezpieczeństwa, Wiem, że to iluzja, ale nawet teraz, kiedy już mam świadomość tego wzorca, czuję opór, żeby się go pozbyć*. Odpowiedziałam jej: *Nazywasz ten program, wiesz skąd się wziął, wiesz, że byłaś jego niewolnikiem przez całe życie, bo zwracałaś uwagę wyłącznie na agresywnych mężczyzn i tylko tacy zostawali twoimi partnerami. Wiesz, jak dużo cię to kosztowało cierpienia, ale nadal dla podświadomości ten mechanizm wiąże się silnie z poczuciem bezpieczeństwa. Intelektualnie wiesz, że to nieprawda, ale twoja podświadomość nie daje zgody na usunięcie tego wzorca, żywiąc przekonanie, że to warunek przetrwania.*

Najpierw trzeba zobaczyć, jak taki wzorzec jest skorelowany – pozytywnie czy negatywnie? Jeżeli pozytywnie, to podświadomość będzie się trzymać tego wzorca do ostatniego tchu. I wtedy trzeba się dowiedzieć, czy to prawda, czy złudzenie. Zadajmy więc sobie pytanie: „Czy podniesienie poziomu agresji w sobie samym, czy w sytuacji (w relacji z innymi), faktycznie daje całkowitą pewność, że będziemy się czuć bezpiecznie?".

Odpowiedź jest jedna: nie. Nawet jeśli będziemy cały czas najbardziej agresywni, to nie znaczy, że nie stracimy poczucia bezpieczeństwa. Zwiększona agresja nie gwarantuje poczucia bezpieczeństwa. Nie jest w stanie się o siebie zatroszczyć. W ten sposób uświadamiamy sobie, że trzymamy się złudnego wzorca, rozpoznajemy iluzję zakodowanego mechanizmu.

Podobnej pracy wymaga skorelowanie negatywne, na przykład takie: **„Agresja to przemoc, zawsze przynosi złe rzeczy"**. To też nie jest prawdą. W sytuacji, kiedy ktoś jest namolny, natarczywy, nastaje na to, żeby przekroczyć nasze granice, to musimy stanowczo odmówić, powiedzieć: nie. Żeby osiągnąć zamierzony skutek, czyli obronić się, musimy być komunikatywni, a zatem konieczne jest dopasowanie poziomu energii do napastnika. Stanowcza odmowa nie zawsze jest agresywna, ale na pewno, żeby przeciwstawić się czyjeś agresji, trzeba postąpić zdecydowanie. Oczywiście pamiętajmy, że prawidłowa reakcja to taka, w której działamy z poziomu równowagi, a nie z poziomu wzorca, czyli w kontakcie z agresją zachowanie mające na celu obronę swoich granic, a nie na przykład napad na kogoś, po to, by się zemścić.

Najłatwiej oczyszcza się zwykłe nawyki, które nie mają silnych korelacji – ani negatywnych, ani pozytywnych. Mamy wzorce niesione przez pokolenia, już dawno pozbawione uzasadnienia, i samo uświadomienie ich sobie pozwala zazwyczaj się od nich uwolnić. Wielu z nas niesie w sobie programiki dotyczące na przykład jedzenia, oparte na sformułowaniu: TAK SIĘ ROBI/TAK SIĘ NIE ROBI. Niektóre bywają nawet zabawne, jak ten, który nakazuje mieszać zupę w czasie gotowania zawsze w jedną stronę.

Niestety większość wzorców ma silne korelacje. Jak te, które wynikają z przysiąg, ślubowań złożonych w tym bądź w minionych żywotach. Wielu z nas nosi w sobie programy związane z odmawianiem sobie prawa do czegoś, z zakazem, który został przyjęty pod przysięgą. Stąd niektórzy z nas, świadomie lub nieświadomie, żywią przekonanie, że seks jest zły, a nawet, że zła jest nasza fizyczność czy wręcz cała materia. Często bywa to skutkiem złożonych dawniej ślubowań mnisich. Podobny mechanizm dotyczy zarabiania pieniędzy. Niektórzy podlegają wzorcowi, który piętnuje bogactwo: „Nie mam prawa tyle zarabiać, bycie bogatym nie jest w porządku, tylko biedni są uczciwi" itd.

Główną trudnością w usuwaniu wzorców jest niewzruszona postawa naszej podświadomości, żeby stać na straży czterech filarów. Pracując nad jakimś wzorcem czy całym procesem – linią łączących się kodowań, musimy zdać sobie sprawę z tego, czy nie podważamy czterech filarów. Wtedy trzeba się zatrzymać, przyjrzeć temu dokładnie.

Nie możemy odbierać sobie poczucia bezpieczeństwa, wiary w możliwość przetrwania, nadziei na akceptację i prawa do bycia kochanym. Ale ciągle sprawdzajmy, czy nie karmimy siebie złudnymi przekonaniami.

Trzeba wykorzystać swoją ludzką świadomość do tego, żeby dobrze zrozumieć i ustawić swoje przekonania dotyczące tych filarów.

Drugą grupą problemów związanych z usuwaniem wzorców są ich wzajemne powiązania, które powodują, że nie jesteśmy na coś gotowi, bo dany problem jest tylko częścią grupy problemów, o których istnieniu nie mamy jeszcze nawet pojęcia. Większość programów wynika lub jest połączona/sklejona z innymi, więc praca z nimi przypomina obieranie cebuli. Dopiero na końcu dochodzimy do źródła. Bywa tak, że usuwamy wzorce do jakiegoś poziomu i potem się zatrzymujemy, bo nasza świadomość i podświadomość nie są gotowe na to, by pójść dalej. W mojej pracy nie walczę z tym, tylko staram się wykorzystać tę okoliczność. Jeżeli czegoś nie rozumiem, to daję sobie czas. Jestem przekonana, że kiedyś to zrozumiem i spokojnie na to czekam. Nie męczę się, nie zmuszam, ale akceptuję fakt, że czegoś nie wiem. Zwracam się ponadto do mojej wyższej jaźni o pomoc i zostawiam sprawę otwartą. Kiedy będę gotowa, to wyższa jaźń podsunie mi sytuację, w której będę w stanie pójść krok dalej.

Trzecia trudność to skorelowanie, które czasami wręcz blokuje proces. Miałam klienta, z którym doszliśmy do wniosku, że jest zaprogramowany na branie odpowiedzialności za partnerkę.

– A co? To źle? – odpowiedział.

– W tym przypadku źle. Bo ogranicza pan jej przyjęcie odpowiedzialności za siebie samą, za jej własny potencjał. Pan ją od siebie uzależnia i uniemożliwia jej rozwój.

Program nadopiekuńczości, czyli brania odpowiedzialności za innych, powoduje, że odbieram komuś bliskiemu prawo do uczenia się, rozwoju – zabieram mu szansę. Ale w moim świecie, w takim oprogramowaniu, tłumaczę sobie, że przecież to wszystko robię właśnie w trosce o drugiego człowieka.

Kiedy to nazwałam, w odniesieniu do konkretnej życiowej sytuacji ich obojga, otworzyły mu się oczy.

Czasem mamy to tak głęboko skorelowane pozytywnie, że nawet nie rozpoznajemy w tym programu. W naszej tradycji istnieje przekonanie, że mężczyzna ma zapracować na kobietę. Jeśli mają dzieci, to przymus męskiego monopolu na pracę jest nie tylko jego obowiązkiem, ale wręcz kwestią honoru. Ale istnieje też druga strona tego wzorca, która utrwala przekonanie, że praca kobiety w domu nie ma żadnej wartości. Program uzależniania jej od gospodarstwa domowego, od niepracowania zawodowo odbiera wartość takiej aktywności kobiety. Ten program utrwalany jest od pokoleń. Kiedy taka para kłóci się, on mówi: „Ty nic nie robisz, tylko siedzisz w domu, a ja ciężko zasuwam na wszystkich".

Na bazie przyjętych przez społeczeństwo wzorców buduje się świadomość społeczna. Te zagadnienia ściśle są ze sobą połączone. Warto podkreślać, że oprogramowanie wynika bardzo mocno z warunków społecznych.

Żeby być dobrym człowiekiem, musisz pomagać innym i dzielić się tym, co masz, ze wszystkimi potrzebującymi. Tę myśl wielu ludzi traktuje jako oczywistość, a nie jakiś program naszego uwikłania. Dziecko, które nie dzieli się z innymi w przedszkolu, nazywane jest złym albo źle wychowanym. Oczywiście postawa dzielenia się, wypływająca z naszej równowagi i uszanowania siebie, jest właściwa, ale trzeba ją odróżnić od działania z powodu wzorca, a nie szlachetnego zamiaru. Pewne wzorce zostały przyjęte jako program do tworzenia rzeczywistości, w której żyjemy, jako zasady moralne, jako jedyny właściwy sposób funkcjonowania w społeczeństwie. Tradycje obyczajowe w społeczeństwach są poza tym usankcjonowane religijnie. Religia bowiem dodatkowo stoi na straży sformułowanych zasad nawet wtedy, gdy są one iluzoryczne. *Katolicy mogą zarzucać buddystom, że koncentrują się za bardzo na tym, co robią sami dla siebie. A buddyści katolikom, że oddają odpowiedzialność za siebie większej sile – Kościołowi, Bogu.* A przecież nie to jest istotne. Chodzi o dążenie do reagowania z poziomu równowagi, o rozpoznawanie wiedzy o tym, co jest naszą wewnętrzną prawdą. Religijne normy obyczajowe mogą okazać się zarówno przeszkodą, jako i pomocą w rozwoju – to zależy od naszej postawy. Jeśli będziemy obserwować je w sobie z uwagą, mogą znacząco wpływać na poszerzanie naszej świadomości. Jeśli jednak będziemy je ślepo realizować, przymuszać siebie i, co gorsza, innych, żeby je wyznawali, będziemy tym samym umacniać w sobie najsilniej te programy, które przynoszą nam najwięcej cierpienia. Paradoksalnie, to cierpienie będzie nas kierować ku przebudzeniu, czyli w dalszej perspektywie skutkiem i tak będzie rozwój – bo także wzorzec stanowi element naszego procesu rozwojowego. Z tym tylko, że droga takiej wymuszonej przez cierpienie przemiany przyniesie nam dużo więcej bólu.

GOŚKA: *Bicie mojego brata nie było dla ojca wyrazem braku miłości. On chyba tak wyrażał, że go kocha, że mu na nim zależy.*

Żeby móc się rozwijać, trzeba uwolnić się od pretensji i oceniania. To nie znaczy, że mamy przyjaźnić się z tymi, którzy nas krzywdzili – oczywiście, że nie. Na pewno będzie nam łatwiej, kiedy świadomie odmówimy dalszego wikłania się w relacje z tymi ludźmi. Zawsze możemy także wykorzystać tę okoliczność, skupić się na sobie, i analizując sytuację tylko ze swojej strony, zmienić naszą reakcję.

Inni ludzie stawiają nas w sytuacjach, przez które możemy rozwijać swoją świadomość. Z nimi nie możemy zrobić nic, ale możemy zrobić coś sami ze sobą.

Wszyscy jesteśmy zgodni, że szkoda czasu na kwestionowanie prawa grawitacji i sprawdzanie, czy ono na pewno działa. Nie warto marnować czasu na jakieś wydumane eksperymenty. Sprawdzajmy konkretnie, co i jak działa w naszym życiu. Uczymy się przecież właśnie przez doświadczenie. Jeśli rozpoznajemy u swoich rodziców jakiś wzorzec, to uświadamiamy sobie, że także my mamy w związku z nim zadanie do rozwiązania. Może nasz problem nie jest identyczny ani nawet na pierwszy rzut oka podobny. Obserwujmy siebie, kiedy przebywamy z rodzicami. Obserwujmy siebie, kiedy o nich myślimy. Szybko zauważymy coś, co w nas rezonuje. Prawo rezonowania i prawo dualności działają w naszej rzeczywistości bardzo wyraźnie, więc łatwo jest dostrzec skutki ich działania. Jeżeli widzimy u swoich rodziców program kata i ofiary, to z pewnością w jakiś sposób i my go w sobie niesiemy. Możemy grać tylko jedną z ról albo je zmieniać. Może być tak, że gramy jedną tylko w pracy, drugą zaś tylko w związku. Możemy być ofiarą w pracy, a katem w domu. Pamiętając, że wzorce są elementami procesu rozwoju, możemy przyspieszać swój proces. Kiedy rozpoznajemy jakiś wzorzec na jakimkolwiek poziomie, od razu zyskujemy szansę uwolnienia się od niego.

Na miejsce usuniętego wzorca nie trzeba wprowadzać nic nowego. Bo kiedy usuwamy coś do końca, to zmienia się całość, pojawia się równowaga – potężna w reakcji i emocji. Nie trzeba więc niczego niczym zastępować. Wykasowując wzorce, zbliżamy swoją ludzką świadomość do duchowej, nasze *ego* coraz bardziej identyfikuje się ze świadomością wielowymiarową. A to zmienia punkt widzenia i logikę rozumienia życiowych doświadczeń.

Żadne dziecko nie rodzi się złe, żadne dziecko nie rodzi się mściwe, żadne dziecko nie rodzi się agresywne – tak mogłoby się wydawać. Jednak kody zachowań kształtują się już w życiu płodowym. Podświadomość czuje i rejestruje wszystkie bodźce, które do niej docierają.

CZĘŚĆ CZWARTA

KONKRETNE PRZYPADKI

Dziecko powoli przechodzi proces rozwoju wiodący od stanu nieświadomego do świadomości. Pierwsze wrażenia życiowe są najsilniejsze, brzemienne w konsekwencje, a więc te najbardziej elementarne i najgłębsze wpływy otoczenia są nieświadome. Jako że nie są uświadamiane, nie podlegają żadnym zmianom. To, co nieświadome, jest niezmienne. Jeśli zatem chcemy doprowadzić do jakiejkolwiek zmiany, powinniśmy fakty nieświadome włączyć do świadomości i poddać je korekcie, świadomej korekcie.

C.G. JUNG

Wszelkie wzorce zachowań i relacji emocjonalnych przejmujemy od rodziców automatycznie. Na tych wzorcach działamy w swoim późniejszym życiu i na bazie tych wzorców przyciągamy określone sytuacje na zewnątrz.

W tym miejscu nie wyjaśniam, jak sobie z tym poradzić, tylko w jaki sposób ten mechanizm działa. Rozpoznajmy, że to schemat, i przyjrzyjmy się, jaki on jest. Zacznijmy od zrozumienia, że jesteśmy zakodowani i zniewoleni iluzjami. Traktujemy liczne przekonania jako naszą wewnętrzną prawdę, choć są one jedynie zakodowanymi w nas wzorcami. Żywimy przekonanie, że te programy się sprawdzają, że są nasze, więc na ich bazie reagujemy w relacjach z innymi ludźmi, w partnerstwie, z dziećmi, w pracy, w przyjaźniach. Podporządkowani tym wzorcom zgodnie z prawem rezonowania przyciągamy rzeczywistość, która te wzorce odzwieciedla.

Zwykle żyjemy w przekonaniu, że skoro jesteśmy dobrymi ludźmi, to działamy właściwie. Kiedy nie czujemy się komfortowo z tym, jak się zachowujemy, to znaczy, że działamy według wzorca, według tego, jak zostaliśmy zakodowani. A to jest tylko program – więc nie jest konieczne, żebyśmy go realizowali. Oczywiście, jeśli na głębszym poziomie żyjemy w zgodzie ze sobą, i z poziomu równowagi wewnętrznej wspieramy kogoś, a nawet robimy coś za niego – czy na niego delegujemy jakąś część naszych aktywności życiowych – to wszystko jest w porządku. Ale kiedy robimy to kompletnie nieświadomie, z pewnością pozostajemy w sidłach mechanizmu. Kiedy na przykład w związku rezygnujemy z tego, co w sposób istotny jest dla nas ważne, to znaczy, że trzeba się uwolnić – zająć się pracą nad sobą.

Każdy z nas zna swoje życie, sytuacje, które przeżył. Zwykle jednak nie są one zweryfikowane, ale ZACHOWANE W PAMIĘCI TAK, JAK POUKŁADAŁA JE PODŚWIADOMOŚĆ. Ponieważ żyjemy, ponieważ przetrwaliśmy, to wszystkie wzorce przechowujemy jako prawidłowe. Podświadomość ich strzeże, właśnie dlatego, że połączyła je z przekonaniem, że dzięki nim przetrwaliśmy aż do dziś. Żeby rozpoznać wzorce, nie interpretujmy, nie wymyślajmy, np. że moi rodzice zachowywali się wobec mnie w taki sposób, bo sami mieli ciężkie życie i przeszli wiele. Intelekt niech zajmie się tylko samymi faktami bez oceniania, klasyfikowania. Ale warto zacząć pracę od przypomnienia sobie i przemyślenia relacji naszych rodziców. Już samo to poszerzy naszą świadomość.

KAROL: *Zorientowałem się, że moja mama – miała wtedy 81 lat – cały czas powtarza, że się nie boi. Podkreślała, że nie bała się, jak sąsiadka zapukała do niej w nocy ani kiedy listonosz przyszedł wcześniej niż zwykle. Że nie boi się mrozu ani ślizgawicy. Często tak mówiła. A ja dopiero teraz to zrozumiałem. Mama miała ciężkie życie, przeżyła wojnę, była świadkiem śmierci swojej matki, którą zamordował niemiecki żołnierz, i ciągle się bała. W czasie warsztatu przyszło mi do głowy, że mama cały czas zmuszona była pokonywać strach i wyrobiła w sobie przekonanie, że musi ciągle udowadniać sobie i innym, że się nie boi, że da radę. Poszedłem do niej wieczorem, opowiedziałem, że chodzę na warsztaty, i powiedziałem:* – Zostaw przeszłość za sobą. Strach jest już fikcją. Całe twoje życie pokazało, jak bardzo jesteś silna. *Długo razem płakaliśmy. Z tej całej rozmowy najbardziej pamiętam jedno zdanie. Powiedziała* – Nawet w najśmielszych marzeniach nie miałam nadziei, że w tym życiu będę mogła uwolnić się od strachu. Dziękuję ci, synku.

Tylko my sami jesteśmy odpowiedzialni za swój własny rozwój – nie rodzina, która nas ukształtowała, nie społeczność, w której wyrośliśmy, ani nikt z naszego otoczenia: ani ci, który nam pomagali, ani ci, którzy nas krzywdzili.

Z przyjaciółmi szłam przez parking do samochodu. Zobaczyliśmy faceta, który z całej siły walił kamieniem w kolejne auta. Kilkanaście samochodów miało już dziurę w masce lub w przedniej szybie. Poprosiłam, żeby wszyscy się cofnęli, i podeszłam do niego. Pogłaskałam go po policzku i powiedziałam: Widzę, że nie czujesz się kochany. Ten facet odłożył kamień i nagle objął mnie. Ważny był spokój, równowaga, jaką usłyszał w moim głosie. Oczywiście miało to tylko działanie doraźne, nie rozwiązałam całości jego problemu, ale sytuacja się zmieniła. Na komunikat z poziomu równowagi często reagujemy sercem, poza programami.

Staram się dojść do punktu, w którym sam mogę zapewnić sobie wszystko. Jeśli otworzę się na fajne, to tylko fajne będzie do mnie przychodzić.

ANDRZEJ

Jak twoi rodzice zachowywali się wobec siebie?
W mojej pamięci mama to osoba, która bardzo przejmuje się moim zdrowiem. Zawsze wydawała mi się smutna. W dzieciństwie miałem problemy ze zdrowiem. Mama zawsze była przewrażliwiona na punkcie mojego zdrowia. I tak zostało jej do dzisiaj, choć jestem dorosły. Pamiętam też, że pomimo tej wielkiej troski, wyraźnie odczuwałem jej brak. Ciągle była zamknięta, depresyjna. Ciągle powtarzała, że ma chandrę. Wychowałem się w domu, w którym mama ciągle miała chandrę, a kiedy rodzice się pokłócili, nastawały ciche dni, a mama wtedy obsesyjnie sprzątała. Była wpatrzona w ojca, kochała go bardzo.

A jak ty reagowałeś na ojca?
Tata pracował jako kierowca. Często wyjeżdżał za granicę. Fascynował mnie, bo wracał z daleka, przywoził piękne prezenty, a także pieniądze, więc dom opływał w dostatek, we troje wyjeżdżaliśmy na wakacje. Ale z drugiej strony denerwował mnie jako… facet w domu. Chyba odczuwałem zazdrość wobec matki.

Mama wychowała się w domu, w którym także jej ojciec był często nieobecny. Domem rządziła babcia.

Z tego już możemy wyciągać pierwsze wnioski, żeby zobaczyć twoje oprogramowanie, „owzorcowanie". Sytuacja twojego dzieciństwa automatycznie przerzuciła na ciebie wzorce, które jako dziecko przyjmowałeś w całości.

Mama musiała podporządkować się kobiecie, swojej matce, która rządziła w domu. Podporządkowanie stało się wzorcem i potem przeszło na podporządkowanie się jej mężowi. Jej chandra wynikała z tego, że ciągle musiała się komuś podporządkowywać, a jej potrzeby nie były w żaden sposób brane pod uwagę. Więc jedyne, co mogła zrobić, to nazwać to dolegliwością, właśnie tą chandrą, za którą można się schować i dzięki temu zaistnieć, wymóc na otoczeniu uszanowanie chociaż tej potrzeby. Nazwijmy ją potrzebą chandry.

To był jej sygnał alarmowy.

Chłopiec wychowany w takiej rodzinie nie buduje wzorca tożsamości na mężczyźnie, tylko na kobietach. Identyfikowałeś się ze wzorcem energetycznym silnej kobiety.

Absolutnie tak.

Powstał w tobie brak równowagi między aspektem męskim a żeńskim. Urodziłeś się mężczyzną, a jednak mocniejszy stał się aspekt żeński. I miałeś kłopot ze zbudowaniem swojej tożsamości na modelu męskim, chociażby dlatego, że takiego modelu nie widziałeś, nie doświadczałeś, a nawet jeśli, to zbyt rzadko. Powstały więc programy oddalenia, opuszczenia, ale i rywalizacji.

W takiej sytuacji aspekt męski może wzmocnić się w ten sposób, że pójdzie drugą stroną wzorca. Wzmocni się aspekt kobiecy i chłopak poszukuje mężczyzny, który stanie się jego autorytetem w wielu punktach na poziomie podświadomości. W ten sposób przenosi na zewnątrz swój aspekt męski. Bywa oczywiście, że skłonności homoseksualne nie są związane z takim przesunięciem wzorców ukształtowanych w dzieciństwie przez rodzinę.

Nie do końca rozwinięta strona męska przy dobrze rozwiniętej stronie żeńskiej znajduje swoje odzwierciedlenie nie tylko w seksualności, lecz także np. w kreatywności. Strona męska to natychmiastowość w działaniu, artykułowanie, pewien rodzaj umiejętności opiekowania się, sobą i kimś. Może się okazać, że ty będziesz tego potrzebował z zewnątrz, od partnera. On będzie budował ci tę stronę męską. Mówię tu tylko o zakodowaniu podświadomości, bo w zależności od tego, jak ze sobą później pracujesz, jaką świadomość osiągasz, to w miarę upływu lat może się to zmieniać. Bo pracując nad sobą, wciąż zmierzasz do równowagi.

Gdybym miał określić swoją męskość/kobiecość, to nie mam wątpliwości, że ta męska strona przeważa. Mimo że rzeczywiście pociągają mnie faceci.

W dzieciństwie zakodowany zostałeś tak, żeby ojciec był autorytetem, a było to sprzeczne z autorytetem realnym, jaki stanowiła babcia. A mama – kiedy ojciec się pojawiał – pokazywała ci, że to on jest autorytetem, z tym, że zwykle nieobecnym. Więc musiałeś z tego zrobić jakąś obecność, stworzyć jakieś uobecnienie. Twój partner stał się ta obecnością. Na niego przerzuciłeś autorytet, przekonanie, że on jest tym, który może ci pomóc, może cię dźwignąć, może zrównoważyć… Przez ostatnie lata wiele rzeczy zmieniłeś, przepracowałeś, sięgnąłeś w świadomości, więc teraz wygląda to inaczej. Ale dlaczego fascynował cię, kiedy się poznaliście? W jakim zakresie naprawdę cię fascynował, a w jakim wypełniał twoje niedobory? W miarę budowania swojej wartości, jak i wartości związku, to wszystko się zmieniło. Ale na początku na pewno w podświadomości ten wzorzec wystąpił.

Twoja mama żyła w trudnej sytuacji – nie chciała się kłócić z ojcem, kiedy przyjeżdżał, bo nikt nie chce konfliktu z kimś bliskim, skoro widzi go rzadko. Więc znów odmawiała sobie prawa do własnych potrzeb, własnego zdania, żeby tylko unikać jakiegokolwiek konfliktu. Kiedy były napięte sytuacje, to nie walczyła, tylko się izolowała, wycofywała się, rezygnując z samej siebie, swoich uczuć, tego, co myśli, a nawet tego, jak miała zorganizowane życie, kiedy jego nie było. Więc przekazała ci wzorzec izolacji emocjonalnej. Bo co widzi dziecko w takiej sytuacji? Widzi, że mama nie może go obronić. *Kiedy pojawia się obcy człowiek, zmienia wszystkie nasze reguły. Wszystko, co sami wypracowaliśmy, mama i ja, jest mniej ważne, niż to, co robi on i jak on to organizuje.* Na tym powstał program kompromisu, nawet jeśli czasami włączała się chęć walki. Tata też irytował – bo przecież wiele rzeczy w domu robił inaczej, w porównaniu z tym, jak sobie z mamą na co dzień wypracowaliście. A to irytuje, więc tworzyło się też oprogramowanie wymuszonego kompromisu, odmawiania sobie prawa do swojego, do walki o swoje.

Chore dziecko koduje się w nadopiekuńczości. Więc albo będziesz osobą, która bardzo silnie wspiera i opiekuje się innymi, albo – po przeciwstawnej stronie wzorca – przekonanie, że jestem kiepski, że nie daję sobie rady, więc potrzebuję wsparcia z zewnątrz, że zawsze muszę się na kimś opierać. Ten schemat widzenia siebie i w konsekwencji działania będzie się utrwalać. **Twoim zasadniczym zadaniem życiowym jest przekonać siebie i poczuć, że jesteś w stanie sam zatroszczyć się o siebie w życiu.** Konieczne jest więc zauważenie, wypracowanie, wzmocnienie w sobie siły, czyli rozwijanie energii męskiej kosztem żeńskiej, po to, żeby budować swoją moc, żeby przekroczyć wzorzec bycia osobą rzekomo nic nieznaczącą, rzekomo nienadającą się do niczego.

Dalszą część pracy z Andrzejem prowadziłam na kolejnych warsztatach. Pracujemy do dzisiaj nad uświadamianiem sobie korelacji.

Dla wielu innych klientów to, co do nich mówię, jest kompletnie nowe. Andrzej wykonał nad sobą dużą pracę i miał już świadomość różnych programów, według których postępował, choć nie nazywał go tymi słowami. Rzadko spotykam takich ludzi. Często ludzie nie są w stanie rozpoznać, dlaczego tak się zachowują, dlaczego mają takie reakcje, skąd się w nich wzięły. Nie wiedzą, dlaczego w ich życiu powtarzają się podobne sytuacje, że powielają pewne rodzaje przeszkód przez całe życie. Odkrywają, że pewne mechanizmy, które ukształtowały się w nich w pierwszym okresie życia, stanowią wzorzec, według którego postępują przez resztę życia wobec swoich partnerów, dzieci, znajomych, współpracowników.

EWA: *Całe moje dzieciństwo było podlizywaniem się rodzicom. Mam dwóch młodszych braci. I cały czas chciałam rodzicom pokazywać, jak umiem się nimi zająć, jak się potrafię z nimi bawić… A często nie miałam na to najmniejszej ochoty. Najgorsze było to, że czasem nie umiałam się nimi zająć. Ale, przepraszam, byłam wtedy jeszcze dzieckiem. Starałam się, ale nie zawsze potrafiłam.*

Spełniała pani oczekiwania rodziców…
W sumie tak. Ale nigdy bym tak tego nie nazwała. Kiedy to mówi, czuję, że tak właśnie było, ale… jakbym się do tego nigdy nie przyznawała.
Została pani nauczona, że własna wartość zależy od spełniania oczekiwań innych. To, czego nauczyliśmy się w dzieciństwie, to są podstawy podświadomości, które potem przejawiają się w dorosłym życiu w relacjach z otoczeniem. Jeśli jestem dawcą, przyciągam biorców. Z racji tego oprogramowania przyciąga pani ludzi, którzy są wobec pani biorcami.
To znaczy że ja prowokuję te sytuacje?

W pewnym sensie tak. Swoim wzorcem… Kiedy przybiera pani postawę dawcy, pojawią się biorcy, i odwrotnie, kiedy jest pani biorcą, to znajdą się dawcy.

Jak rozpoznać wzorzec? Jeśli mamy otwartość do pracy nad sobą, szybko i sprawnie dostrzegamy te mechanizmy. Nasza świadomość przestawiona na obserwowanie siebie szybko zauważa dyskomfort części podświadomej. Ale jeśli mamy w sobie opór – to zazwyczaj jest to przeszkoda podświadomości, która nie jest gotowa pozbyć się danego programu. Lepiej niech będzie, jak jest. Podświadomość broni się często w ten sposób, że jesteśmy przekonani, że jakakolwiek próba zmiany, stanowi poważne zagrożenie dla naszego istnienia. Jeśli się zmienię, narażę się na poważne niebezpieczeństwo. To iluzja. **Dopóki mamy jakąkolwiek wyraźną korzyść z programu, podświadomość nie dopuści do tego, żebyśmy się chociaż próbowali od niego uwalniać. Chodzi zwykle o moje własne, rzekomo niezależne od innych, poczucie bezpieczeństwa, czyli pozór gwarancji przetrwania. Jeśli świadomie nie rozpoznamy, że ta korzyść jest w istocie iluzoryczna – nie będziemy chcieli podjąć się pracy nad sobą.**

JADWIGA: *Dlaczego mój mąż jest takim safandułą?*
Jakie jest relacja między twoimi rodzicami?
Moja mama to rezolutna babka, całe życie robiła konkretne rzeczy, rozwiązywała problemy, a a tato siedział wiecznie w kącie i zajmował się swoimi sprawami.

Popatrz, robisz to samo, co twoja matka. Jesteś zakodowana, że ktoś, kto nie robi szumu wokół siebie, nie działa natychmiast, pojawiając się w centrum zainteresowania wszystkich, nie jest wartościowy, a ktoś,

kto dłubie nad swoją pracą cicho i systematycznie, jest ciamajdą. A to przecież nie jest prawda.
To takie proste, a dopiero teraz to zrozumiałam.

PRZYPADEK PIOTRKA

Programy przejawiają się na wszystkich płaszczyznach naszego życia.

Piotrek przyszedł do mnie z problemem zawodowym. Zapytałam go na początku o jego relacje z rodzicami i o relacje między nimi.
Wychowałem się w domu, który pozostaje w mojej pamięci jako bardzo dobry. A potem jeszcze go idealizowałem. Uważałem za najlepszy na świecie. Moja mama zmarła, kiedy miałem 17 lat, po dwóch latach ciężkiej choroby. To był guz macicy. Wtedy terapia bardziej szkodziła, niż pomagała. Mój brat, starszy ode mnie o siedem lat, był chyba jeszcze bardziej związany z naszą mamą. Mój brat w jakimś sensie zastąpił mi matkę. Po wielu latach dowiedziałem się, że oni rozmawiały na ten temat.

Czyli wasza mama ją tym obarczyła. A kto jej zastąpił matkę?
Właśnie... Chyba nikt. Miałem wyobrażenie, że związek moich rodziców był idealny. Dużo później – razem z moim bratem zrozumieliśmy, że rodzice mieli

skłonność do ukrywania konfliktów i wszelkich trudności. Pamiętam z dzieciństwa taką sytuacje, kiedy rodzice raz w jakiejś sprawie byli niezgodni i rozmawiali ze sobą podniesionym głosem. W mojej pamięci pozostało to jako coś potwornego, traumatycznego. Bo w moich dziecięcych oczach oni zawsze się zgadzali. Więc uważałem, i to jeszcze przez długi czas, że ludzie w związku nie mogą się ze sobą nie zgadzać.

Konflikt stał się dla ciebie traumą. Rodzice ukrywali konflikty, budowali pewną iluzję rzeczywistości wolnej od konfliktu. Widzisz rzeczywistość jak przez okulary – tylko przez ten program. Zaprogramowana została w tobie iluzja, że dobre związki to są takie, w których nikt się z nikim nie kłóci i ma zawsze takie samo zdanie.
Dokładnie tak.

To oznacza, że oczekujesz od osób, z którymi się zaprzyjaźniasz, także, z którymi wchodzisz w związek, że muszą się z tobą zgadzać. Nie jesteś w stanie zaakceptować jakiejkolwiek niezgodności w związku. Za tym pójdzie drugi wzorzec – programy oceny. Kiedy okaże się, że kłócisz się z partnerką, to będzie to burzyć podstawy twojego poczucia bezpieczeństwa, bo w twoim świecie ten związek będzie oceniony jako nieudany.
Wielokrotnie tak bywało.

To samo może dotyczyć pracy, w której również zadziałają programy idealizacji. Będziesz szukał takiej współpracy, która będzie idealna. Ale idealnych nie ma. Ujawnią się nieporozumienia, spory, dyskusje, kompromisy, a nawet kłótnie. Może się uruchomić program kompromisu i będziesz wszystkim we wszystkim ustępował, żeby tylko uniknąć konfliktu. Albo uruchomi się program wojownika i będziesz ze wszystkimi walczył. Albo przejdziesz na program samotności, wycofywania i izolowania – nie będziesz z nikim współpracował, tylko zamkniesz się w swoim własnym świecie. Ten mechanizm może też zrealizować się w programie perfekcjonizmu poprzez wykreowanie takiej sytuacji zawodowej, w której wszystko będziesz robił sam, wszystko będzie zależało od ciebie, a ty będziesz starał się być perfekcyjny. Więc cały czas będziesz podnosić sobie poprzeczkę i oceniać siebie. Tak samo może być w związku – nie dasz sobie prawa do wyrażania innego zdania od zdania partnerki. Pojawi się lęk przed konfrontacją, bo to może zburzyć obraz dobrego związku. Ten program wymaga pracy w doświadczeniu w różnych sytuacjach. Doświadczenia pozwalają nam wyjść z programów, ponieważ weryfikują je wobec rzeczywistości.

Po śmierci mamy powstał u ciebie program opuszczenia, więc możesz wciąż szukać osoby bliskiej właśnie po to, BY REALIZOWAĆ SIĘ POPRZEZ NIĄ. Tak jak w powiedzeniu o drugiej połówce jabłka – bez której czuję się „jak czegoś ćwierć albo pół". Dopiero pojawienie się drugiej osoby i związek z nią pozwoli poczuć się kompletnym. To może powodować rozwinięcie się programu: realizuję się tylko poprzez to, że ty się realizujesz.

W tej sytuacji jest także silny program odpowiedzialności. Nawet gdyby mama nie rozmawiała z twoim bratem o tobie, to sam fakt śmierci mamy uruchomił w bracie program brania odpowiedzialności za innych. Może to polegać na braniu odpowiedzialności za brata, nawet kiedy będzie już miał lat 40. Albo w przeciwną – zrzucania na innych odpowiedzialności za samą siebie. Może też wystąpić połączenie jednego z drugim – poczucie całkowitej odpowiedzialności za brata, przy jednoczesnym zrzuceniu odpowiedzialności za samą siebie na męża, np. finansowej. Oboje możecie mieć ten program – niepotrzebne branie odpowiedzialności za kogoś, przy zrzucaniu swojej na innych.

Twój brat był za młody, żeby być matką, zresztą ty nie byłeś jej dzieckiem, ale wtedy ona tego nie weryfikowała, więc musiała w niej ta uciążliwość spowodować jakiś program – na przykład typu: „Muszę kogoś obciążać", albo przeciwnie: „Nie wolno mi nikogo sobą obciążać".

W tobie mógł powstać wzorzec: „Jestem zobligowany, by oddawać, odwdzięczać się, być dawcą w relacji z drugim człowiekiem, nie przyjmować niczego od innych, bo już dużo dostałem". A druga droga tego wzorca to nadmierna niezależność i perfekcjonizm – „Nie potrzebuję niczyjej pomocy i to udowodnię". Podświadomość zarejestrowała, że twój brat był zmuszony do wysiłku, na który nie był gotowy i którego nie chciał, więc ty dorastałeś z głębokim przekonaniem, że koniecznie trzeba udowadniać, że niczego od nikogo nie potrzebujesz, że ze wszystkim musisz, podkreślam, musisz poradzić sobie sam.

W twoim życiu zawodowym te programy mogą bojkotować współpracę w grupie, poprzez skłonność do zamykania się, unikanie współpracy, izolację czy ograniczanie grupy współpracowników.

Wrażliwi chętnie przyjmują rolę dawcy, ofiary. Bardziej skupieni na sobie, przyjmą rolę biorcy, a nawet kata. Co nie zmienia faktu, że druga strona programu i tak będzie we każdym funkcjonować. Wzorzec działa w ten sposób, że rezonujesz z określonymi ludźmi.
Uważałem, że muszę pomagać innym i poświęcać się dla nich, ale, z drugiej strony, na przykład moja pierwsza żona całkowicie mnie utrzymywała.

To właśnie druga strona wzorca. Śmierć matki mogła też spowodować w tobie zakodowanie braku zaufania do kobiety, bo na poziomie podświadomości jako dziecko poczułeś się porzucony. A ojciec był stabilny, wytrwał i dał poczucie bezpieczeństwa. Stąd może wynikać istotny brak zaufania do kobiety jako zwierzchnika w pracy.

Życiowe doświadczenia zweryfikowały, co jest prawdą. Część lęków mogła jednak pozostać i przekształciła się w dojrzalsze sposoby radzenia sobie z nimi. Jeśli pozostaje unikanie sytuacji konfliktowych, to może teraz starannie rozwiązujesz sytuacje sporne zawczasu, żeby nie doprowadzić do wybuchu konfliktu. A może stawiasz na działanie, konkretne znajdowanie rozwiązania, a nie uszanowanie wrażliwości w sobie… Może zachowujesz w relacjach emocjonalny dystans w obawie, że twoja wrażliwość nie zostanie uszanowana.

Iluzoryczność wzorców można sprawdzić, zadając sobie pytanie, czy dane przekonanie faktycznie jest prawdą i czy służy mojemu dobru.

Odczuwasz lęk przed porażką, masz silne programy samooceny, bo czujesz się niedoskonały. Potrzebujesz potwierdzenia, że jednak jesteś dobry w tym co robisz, czym się zajmujesz. Część sytuacji ci to pokazuje. Ale zawsze znajdą się też ludzie, którzy to wykorzystają. Udowadniając, że to twoja porażka, będą mogli nie traktować cię poważnie i całą zasługę przypisać sobie. Dzieje się to na bazie programu porażki, który zawiera w sobie ciągłe, bardzo krytyczne samoocenianie. Bo ty cały czas uważasz, że musisz więcej, że to, co robisz, nie jest wystarczająco wartościowe. Dlatego natychmiast schodzą się hieny, które chcą sytuację wykorzystać przez pomniejszenie, udowodnienie, że ktoś nie jest doskonały albo nawet dobry, i sobie przypisać wszelkie zasługi.

Z czym te programy są u ciebie skorelowane? Nie masz wystarczającego poczucia wartości w sobie samym. Musisz zasłużyć na bycie kochanym i akceptowanym, poprzez to, żeby być idealnym. Mam być grzeczny, dobry i spełniać oczekiwania. Bo to nie jest obowiązek brata, żeby opiekować się bratem. Musisz więc pokazywać swoją wielkość i wartość. Wzorzec stwarza zawsze drugą stronę – by tę wartość pomniejszać. Przeciwległą drogą tego programu mogłaby być megalomania – bezustanne absorbowanie sobą cudzej uwagi.

Jak więc usuwać program perfekcjonizmu? Najpierw sprowadźmy go do pojedynczego, konkretnego zdania. Takie przekonania możemy wyrazić stwierdzeniem, że kiedy zrobisz coś doskonałego, będziesz zaakceptowany. A przecież to nieprawda. Nawet jeśli stworzysz coś absolutnie fantastycznego, to wcale nie znaczy, że będziesz doceniony, że twoja praca zostanie przez kogoś uznana i uszanowana. Jeżeli będziesz się starał coraz bardziej i bardziej, to wreszcie kiedyś wszyscy zaczną cię cenić i widzieć w tobie dobrego człowieka? Niekoniecznie.

Dziecko mogło sobie zakodować, że nie zasługuje na troskę, nie zasługuje na to, żeby matka się nim opiekowała, a potem, kiedy program się umacniał, powstało przekonanie: „Nie zasługuję na najwyższe dobro. Nie zasługuję na miłość. Nie zasługuję na żadne dobro, sukces, obfitość…". A dopóki nie dasz sobie do tego prawa, będziesz bojkotował własne dzieła.

Wszystko zmierza do tego, żeby sobie uświadomić, że sam mogę dać sobie wszystko. Wszystko, o co walczę, z takim mozołem albo w takiej histerii. To ja mogę dać sobie akceptację, przetrwanie, radość, spokój, sukces.

Wzorce przydają nam się do weryfikacji pewnych rzeczy i kiedy dojrzewamy – mam tu na myśli głównie okres, kiedy mamy dwadzieścia parę lat – potrafimy się zdystansować i zobaczyć, co jest autentyczne, jaką prawdę wzorce nam poprzez swoje działanie pokazują. Wtedy uczymy się z tego, co podyktowały nam wzorce. A chodzi przecież o dojście do punktu, w którym mówimy: Zacznij siebie wreszcie kochać.

PODSUMOWANIE

W procesie uwalniania się zmierzasz do punktu, w którym wiesz i czujesz, że jesteś wart siebie, że jesteś wart obfitości, pełni swojego życia, miłości, radości, satysfakcji.

Są organizowane warsztaty dla ludzi, którzy chcą otwierać się np. na zarabianie większych pieniędzy. Bo żywią przekonanie, że mogą zarabiać tysiąc, ale już nie dziesięć tysięcy. A kiedy ktoś zaproponuje ci pracę za sto tysięcy, to twoja podświadomość do tego stopnia zbojkotuje tę szansę, że zgubisz telefon albo zapomnisz, że to akurat jutro masz przyjść, że spóźnisz się na umówione spotkanie, że w dniu podpisania umowy będziesz miał wypadek. Nawet tak podświadomość jest w stanie działać!

Są pewne progi, które w psychice trzeba przeskoczyć. To naprawdę koniecznie trzeba przepracowywać. Wielu z nas nie daje sobie prawa do tego, żeby odnieść sukces, być kochanym… Ale bywa tak, że odmawiamy sobie rzeczy najbardziej podstawowych. Wielu z nas nie daje sobie prawa do tego:

– żeby mieć dobrą pracę,
– żeby fajnie wyglądać,

- żeby być obdarzanym zwykłym uśmiechem przez obcych ludzi,
- żeby mieć przyjaciół,
- żeby ktoś bez żadnych podtekstów ani interesu mnie lubił,
- żeby się cieszyć drobiazgami,
- żeby miło spędzać czas bez wyrzutów sumienia, że jestem leniem albo marnotrawię swoje życie,
- *(tu dopisz kolejne przykłady prostych, podstawowych praw, jakich odmawiają sobie ludzie, których znasz:)…*
- …
- …
- …
- *(a tu dopisz co najmniej trzy rzeczy, których sam/a sobie odmawiasz:)…*
- …
- …
- …
- …

I już więcej żadnej z nich sobie nie odmawiaj.

Usuwam wzorce po to, żeby doprowadzić siebie do stanu świadomości, w którym będę reagować w połączeniu w równowagą, szacunkiem, najwyższą miłością. Wzorce uniemożliwiają mi właśnie osiągnięcie tej równowagi. Poszerzając świadomość, przestaję chcieć zmieniać innych ludzi i zaczynam troszczyć się o siebie nie tylko z poziomu *ego*. Skupiam się na pracy nad swoimi reakcjami. Wykasowanie wzorca powoduje uwolnienie od nawykowego reagowania.

Każdy wzorzec da się usunąć. Kiedy to zrobię, wyższa jaźń nie będzie mnie już stawiać w określonych sytuacjach, nie będzie pokazywać mi wzorca, bo po rozpoznaniu mechanizmu będę już od niego wolna. Cel zostanie osiągnięty.

Warto jeszcze raz szczególnie podkreślić, że **usuwanie programów to nie jest zmiana naszej osobowości, tylko nawykowych, nałożonych na nas reakcji**.

Często mamy problem z tym, że intelektualnie już wiemy, co jest wzorcem, i jakie powoduje on w nas reakcje, a jednak emocjonalnie ześlizgujemy się ciągle w utrwalone, nawykowe działanie. Kiedy rozpoznajemy jak bardzo dany program jest iluzoryczny, mamy szansę powiedzieć sobie, że jestem człowiekiem, który dał z siebie wszystko, co w danych okolicznościach potrafił i był w stanie zrobić, który stara się być uczciwy i pomocny, pracuje nad sobą, więc dlaczego miałby nie zasługiwać na najlepsze? Potem pracujemy na warsztatach czy sesjach indywidualnych nad pełnym zrozumieniem i wykasowaniem wzorca. Tego nie da się opisać w książce, to kwestia bezpośredniej pracy człowiek-człowiek, doboru odpowiednich technik pracy i konkretnego, indywidualnego doświadczenia tego procesu.

Czy obserwuję samego siebie? Czy muszę cierpieć? Czy daję sobie prawo do szczęścia? Czy podświadomie nie bojkotuję swoich działań? Czy na to, co mnie spotyka, reaguję świadomie, czy odruchowo, automatycznie, według schematu utrwalonych we mnie wzorców? Czy odkrywam prawdę o sobie? – nad tymi pytaniami warto zatrzymać się każdego dnia.

DODATEK
Opinie uczestników warsztatów

Navigare necesse est…
Podróżujemy, codziennie się przemieszczamy. Bliżej, dalej. Najważniejsza podróż, jaką odbywamy, to ta, która pozwala nam odnaleźć siebie. Jest to podróż konieczna. Podróż na najbardziej nieznany i niezbadany ląd, dokąd nikt inny wcześniej nie dotarł. Gdzie granice nie są wytyczone, gdzie nie ma horyzontu. U progu tej podróży rozpoczyna się nasz rozwój duchowy. Dobrze jest mieć wtedy przewodnika, który nam wskaże kierunek, który będzie obok, w tych chaszczach myśli i dżungli emocji. Na początku tej podróży, ciągle trwającej, Renatę Engel. Zaprosiła mnie na swoje dwudniowe warsztaty rozwoju osobistego. Jej charyzma mnie urzekła. Sposób, w jaki dzieli się swoją wiedzą z ludźmi, jest unikalny. Nawiązuje serdeczny kontakt i jasno, zrozumiale przekazuje nam rzeczy fundamentalne dla zrozumienia alchemii świata. Nawet tak sceptyczne umysły jak mój przestają wątpić. Czujesz spokój, czujesz, że masz u boku wytrawnego przewodnika. Renata ma dar i się nim dzieli. Korzystajmy.

Karolina M. Wojciechowska, prawnik, wydawca

Właściwie to mogę swoje życie podzielić na dwie części: sprzed warsztatów i po warsztatach.

Teraz, kiedy patrzę na siebie, to widzę, jak bardzo na przestrzeni kilku ostatnich lat zmieniło się moje życie. Pamiętam jak w stanie kompletnej apatii, będąc na bezrobociu, nie widziałem sensu w zwyczajnym wstaniu z łóżka. Potrafiłem przespać cały dzień, byle nie czuć tej całej beznadziei. Obecnie chodzę do całkiem fajnie płatnej pracy, czuję się kochany i odkryłem swoją pasję – od 2 lat uczę się grać na saksofonie. Kluczowe było wzięcie odpowiedzialności za siebie i swoje życie.

Renata nie rozwiązuje problemów, ale daje narzędzie do pracy nad sobą.

Zmieniło się zatem bardzo dużo – zawodowo, finansowo, sercowo, w relacjach z innymi ludźmi – ale nie od razu. Proces ten trwa nadal i wiem, że najprawdopodobniej będzie trwał do końca życia. Z zaciekawieniem patrzę na to, co sobie jeszcze stworzę. Dziękuję z całego serca!

Jan Bar, bankowiec

Istniejemy wychowani w świecie dogmatów religijnych bądź naukowych, narzuconych nam przez rodziców, religię i środowisko. Ten światopogląd od zarania dziejów zmienia się w zależności od tego, kto w danym momencie jest u władzy.

Kursy Renaty pozwalają uwolnić się od narzuconego nam świata na rzecz opanowania, czy też kreowania własnej rzeczywistości, bo okazuje się, że istnieje alternatywa, że można w świadomy sposób kierować własnym życiem.

Warsztaty to poszukiwanie równowagi w każdym newralgicznym aspekcie naszego istnienia, pozwalają zobaczyć swoje emocje, które zwykle zauważamy dopiero, gdy zaczynają doskwierać lub piekielnie boleć.

Spotkanie na warsztatach z moim wyższym ja pozwoliły mi wyzwolić się ze stereotypów w myśleniu i zachowaniu, pozwoliły zrozumieć, czym komplikowałem sobie życie.

Warsztaty Reni wskazują nam drogę do łatwiejszego i prostszego życia, ale nie jest to droga na skróty, tylko szerokopasmowe łącze z najważniejszą osobą w naszym życiu, czyli z samym sobą.

Nazywamy to rozwojem duchowym, a każdy rozwój może być ewolucyjny lub rewolucyjny, to Ty wybierasz, jaką formę ma przybrać. Skorzystaj z szansy, jaka Ci się nadarza i pójdź na jej warsztat.

Dariusz Olejniczak, przedsiębiorca

Spotkanie Renaty Engel nie było przypadkiem i dziękuję Górze, że zaprowadziła mnie na TEN warsztat, bo on zmienił moje spojrzenie na życie.

Chcę bardzo podziękować, że jest mi dane uczyć się, rozwijać, poszerzać swoją świadomość, choć to nie zawsze jest łatwe, bo trzeba dotrzeć w głąb siebie.

Uczę się na nowo widzieć i słyszeć, uczę się akceptować samą siebie.

Dziękuję.

Jola Rzeźnik

Świadomość jest darem, poszukiwanie sensu i celowości życia to najbardziej naturalna cecha człowieka.

Zawsze była we mnie potrzeba duchowego rozwoju, odnajdowanie obecności w chwili, praca nad schematami, radość z życia i wielkie rozczarowania, głęboko pokora i ogromna odwaga, pełnia rodziny i świadomość bezkresu samotności. Doświadczałem tego wszystkiego, ale brakowało mi usystematyzowania moich wyobrażeń konstrukcji wielowymiarowości naszej rzeczywistości.

Warsztaty z Renatą Engel to głębokie spotkanie z własnym odbiciem – to początek i zarazem kontynuacja drogi, którą już dawno zacząłem, ale teraz nabrała ona nowej jakości. Tam, gdzie były wątpliwości, wkroczył spokój, zamiast teorii pojawiła się praktyka, która ma teraz odbicie we wszelkich płaszczyznach mojego życia.

Polecam spotkanie z Nią i z Sobą wszystkim tym, którzy czują gotowość, którzy mają siłę i odwagę, by zrozumieć, że można żyć lepiej, pełniej, bez codziennej obawy o jutro – tym którzy chcą się rozwijać duchowo bez zbędnej ezoterycznej paplaniny.

Renata mocno stoi nogami na ziemi i żadne zadane jej pytanie nie pozostaje bez spójnej odpowiedzi w punkt.

Szymon Szcześniak, portrecista

Pierwsze warsztaty u Renaty Engel zrobiłam przez telefon, nie mogłam się po prostu doczekać na spotkanie twarzą w twarz. Ponieważ rozwijam się świadomie już od 17 lat, to moja wiedza w wielu wątkach pokrywała się z wiedzą Renaty, ale trafność jej diagnozy mojej osoby, jej umiejętność nazwania moich kodów, programów, reakcji na różne sytuacje, była tak ogromna, że z wielką werwą zabrałam się za ich kasowanie i namówiłam na warsztaty moją rodzinę. Kolejne były więc już grupowe – zdecydowanie takie polecam, bo grupa podnosi wibracje, grupa bardzo często dobiera się z tymi samymi problemami (nie wiem, jak się to układa, ale tak już jest), w grupie łatwiej przepracowuje się problem. Mój mąż, inżynier konstruktor, stąpający bardzo racjonalnie po ziemi, nie mógł uwierzyć w trafność oceny Renaty i skuteczność jej metod pracy nad sobą. A to dopiero początek naszej drogi, ponieważ świadomość posiadanych programów nie tylko pozwala nam na ich redukcję, ale i prawie natychmiastową zmianę reakcji w sytuacji konfliktowej, w której zwykle działaliśmy automatycznie, prowadzeni przez nasze programy jak przez autopilota. Uwalnianie się od tych schematów umożliwia spokojne rozwiązywanie problemów. Już nieraz mi się to udało. Ale możesz tak podejść tylko wtedy, kiedy już wiesz, czym są twoje podświadome kody, które zostały ci wgrane w dzieciństwie wraz z całym dobrodziejstwem wychowania.

Bardzo ciekawym doświadczeniem było rozebranie na czynniki pierwsze naszej relacji małżeńskiej, rzeczowo i jasno Renata przedstawiła nam, na bazie jakich programów stworzyliśmy nasz związek.

Polecam każdemu jej warsztaty – pozwalają one potem łagodnie przechodzić przez najtrudniejsze nawet zakręty życiowe.

Katarzyna i Grzegorz Kaźmierczak, przedsiębiorcy

Renata Engel – polska jasnowidzka, prowadzi sesje jasnowidzenia i warsztaty opracowane na podstawie własnych doświadczeń, ich tematem jest rozwój osobisty w codziennym życiu każdego człowieka.

www.engelrenata.com

PROPOZYCJE WYDAWNICTWA

Magdalena Anna Dapczyńska
JEDNO ŻYCIE
Moje widzenie świata

Oczami Duszy
Maciej Wiszniewski

przebudzenie lisicy
DORA ROSŁOŃSKA
USWIADOMIENIE WŁASNEJ
KOBIECOSCI DZIĘKI ZWIERZĘTOM MOCY.

Odzyskiwanie
DUSZY
Naprawianie rozdrobnionego Ja
Przedmowa Michael Harner
SANDRA INGERMAN

WERONIKA DĄBROWSKA

ROZMOWY Z DRZEWAMI

PRZEWODNIK

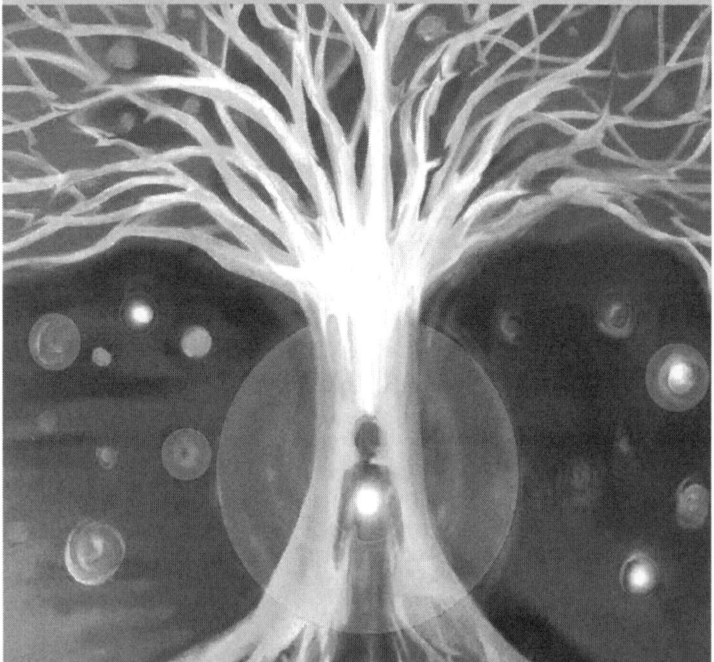

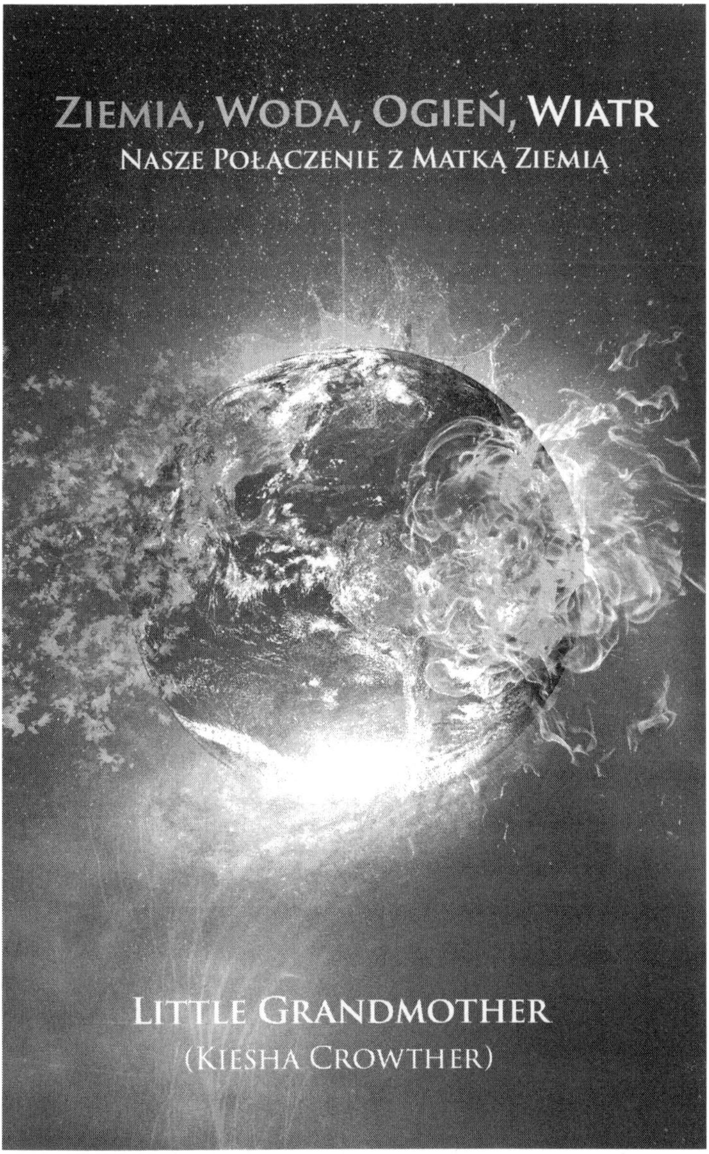

www.otoksiazka.com
wydawnictwo@otoksiazka.com